Emile GENOUVRIER
agrégé de lettres modernes

Claudine GRUWEZ
institutrice d'application

collection
structures
de la
langue française

FRANÇAIS

ET

EXERCICES STRUCTURAUX

AU C.E. 1

avec la collaboration de

Elisabeth BECKER
institutrice d'application

Thérèse VILLAIN
institutrice

LAROUSSE

17, rue du Montparnasse, et 114,
boulevard Raspail - PARIS - VI°

INTRODUCTION GÉNÉRALE

« Rénover l'enseignement de la grammaire? A quoi bon, si là se borne notre
ambition! Rénover l'enseignement du
français? Voilà qui importe davantage.
Mais ce qu'il faut changer vraiment,
c'est l'école. »

ANONYME.

Ce manuel, comme ceux qui le suivent, est le fruit d'un travail **expéri-
mental** de plusieurs années, conduit, dans le cadre des activités de
l'I. P. N., auprès d'un certain nombre de classes d'application de l'école
normale de Lille. On y trouvera donc l'écho théorique et pédagogique
d'un groupe qui comprenait des instituteurs, une conseillère pédagogique
et un assistant de linguistique française, et qui a élaboré ces « leçons »
semaine après semaine, avec le souci d'une efficacité toujours plus
grande auprès des élèves — c'est-à-dire dans la perspective d'une réno-
vation profonde de l'enseignement de la langue française à l'école élémentaire.

I. Problèmes généraux

A. Grammaire et langue française

Il n'est ici question que de grammaire française; ce qui pourra
surprendre en un temps où l'on essaie de faire sortir l'enseignement du
français d'un éparpillement d'activités autonomes (grammaire, lecture,
vocabulaire, élocution, rédaction, récitation...) où la tradition peu à peu
l'avait emprisonné et comme affadi. Précisons donc que nous contestons
nous aussi une pratique sclérosée et myope qui, n'élevant pas le regard
au-delà de chacune de ces disciplines (pour ne pas dire : de chaque
leçon), n'apercevait plus leur nécessaire convergence vers quelques buts
fondamentaux : donner à l'enfant le goût et les moyens de dire et
d'entendre, d'écrire et de lire, afin qu'il acquière par sa langue et dans
sa langue la possibilité d'une meilleure insertion dans sa communauté
linguistique en même temps que le pouvoir, à travers les mots reçus
ou émis, d'une libération personnelle et d'un épanouissement harmo-
nieux.

C'est dire qu'enseigner la grammaire ne suffit pas, et à beaucoup près[1]. C'est dire aussi qu'enseigner la grammaire n'a de sens que si l'on envisage par là de faire progresser l'enfant dans son expression orale et écrite, ce qui nous conduit assez à l'écart de la grammaire scolaire d'hier.

Précisons notre propos. Pour l'enfant comme pour l'adulte, la langue maternelle est la voie obligée de la communication avec autrui : elle est libératrice, puisqu'elle permet de nous dire comme de dire le monde, mais contraignante aussi, puisqu'elle nous impose ses lois inéluctables (grammaticales, par exemple). L'enseignement du français doit donc tenir grand compte de ces contraintes linguistiques, car de leur maîtrise dépend la liberté du locuteur. Pour nous reprendre, enseigner le français c'est, pour une part, munir l'élève des moyens de s'exprimer et de comprendre autrui. C'est à partir de ces évidences qu'il faut donner sa place nécessaire, et limitée, à la pédagogie de la grammaire.

B. Référence à la linguistique

La référence constante que nous ferons aux théories grammaticales contemporaines ne sera donc pas là par simple et gratuit scrupule de modernité. Nous y puiserons parce qu'elles rétablissent dans une plus grande vérité certains faits jusqu'ici faussement enseignés, mais surtout parce que, délibérément orientées vers une attitude descriptive, elles cherchent non comme la grammaire d'hier à spéculer sur la langue à partir de critères le plus souvent ambigus, mais à montrer **comment la langue fonctionne :** elles permettent ainsi d'imaginer des exercices pédagogiques qui visent effectivement au maniement des structures morpho-syntaxiques, c'est-à-dire à leur acquisition et/ou à leur maîtrise.

Paradoxalement, il apparaît à l'expérience que l'élève se meut dans ce nouvel univers grammatical plus aisément que le maître. C'est qu'il y a pour ce dernier à désapprendre — ce qui ne va pas sans difficulté — en même temps qu'à intégrer un nouveau savoir.

Il nous a donc paru indispensable de le guider dans sa tâche autant que nous pourrions le faire, et de concevoir le livre du maître non comme un corrigé d'exercices, mais comme un itinéraire qui éclaire la pratique pédagogique par quelques éléments de réflexion théorique.

---

1. Pour fixer approximativement les idées, avançons grossièrement qu'il ne doit pas revenir à cet enseignement spécifique plus du cinquième de l'horaire de langue française.

Il nous était pourtant impossible de ramener aux proportions d'un livret la culture linguistique indispensable à celui qui a pour tâche d'enseigner une langue; nous pensons que des lectures annexes y suppléeront[1].

On se demandera peut-être si la grammaire que nous proposons ainsi est distributionnelle, générative, transformationnelle... Loin de nous l'ambition de revendiquer de tels noms de baptême. Nous avons à proposer une démarche théorique, mais aussi pédagogique, et à tenir compte du départ nécessaire entre les **hypothèses** de la recherche fondamentale et ses **données** les plus solidement établies — **ces dernières devant être seules retenues au niveau d'une application scolaire généralisée.** Nous emprunterons donc aussi bien aux théories distributionnelles que génératives et transformationnelles, celles-ci étant d'ailleurs le prolongement de celles-là; pour tout dire, nous n'utiliserons que les acquis les plus indiscutables de la linguistique contemporaine[2].

C. Nécessité d'une progression

Il importe de bien avoir à l'esprit que les progrès de l'enfant dans la pratique et dans la découverte réflexive de la morpho-syntaxe de sa langue maternelle impliquent une **progression grammaticale rigoureusement établie.** Nous pensons qu'en l'occurrence il serait désastreux de s'en remettre au hasard, c'est-à-dire de « faire de la grammaire à la demande », choisissant d'aborder tel problème plutôt que tel autre au détour d'un texte, d'un dialogue, etc. L'organisation de la langue est solidement fondée : il s'agit d'en tenir compte — comme aussi, bien entendu, des possibilités d'acquisition de l'élève à tel stade de sa scolarité.

En composant ce livre destiné au C. E. 1, nous avions donc à l'esprit ce qui viendrait après, jusqu'au C. M. 2 et même au-delà. Parce qu'elle revenait, pour l'essentiel, à un savoir assimilable par la répétition, la grammaire d'hier était un perpétuel recommencement : le C. E. 2 reprenait le C. E. 1, le C. M. 2 le C. M. 1... On s'y inquiétait à peine d'un

---

1. Voir E. Genouvrier et J. Peytard, *Linguistique et Enseignement du français* (Larousse, 1970).
2. Contrairement à ce que disent parfois, avec une inquiétude compréhensible, des enseignants mal informés, il ne s'agit pas d'introduire la linguistique à l'école élémentaire, mais de voir dans quelle mesure certains acquis de la linguistique contemporaine peuvent contribuer à construire un modèle pédagogique plus efficace.

ordre, puisqu'il s'agissait de « leçons » à apprendre, chacune jouissant d'une quasi-autonomie. Le point de vue ici est inversé : chaque séance ne vaut qu'**insérée dans un ensemble,** dépendant de celles qui la précèdent, éclairant celles qui la suivent. Il s'agit à l'école primaire de dominer la morphologie et la syntaxe élémentaire du français ; et il faut, pour que l'enfant y parvienne, lui proposer un ensemble soigneusement articulé, qui parte d'un point A pour arriver à un point Z.

Il est donc capital :

• que les différentes « leçons » soient prises dans l'ordre de leur succession ;

• que l'on considère cet ordre comme impératif, mais non contraignant dans sa chronologie : il apparaît, si l'on tient compte des remarques précédentes, que l'important est de faire passer l'enfant d'une étape à une autre **selon ses possibilités,** et non abstraction faite de sa maturité linguistique et intellectuelle. Il sera parfaitement logique que tel C. E. 1[1] soit allé « jusqu'au bout » en juin, alors que le niveau de tel autre demandera que l'on reporte au début du C. E. 2 un nombre plus ou moins important de « leçons ». Il apparaît d'ailleurs, à l'expérience, que la répartition du travail dans le temps est arbitraire en dehors des données concrètes d'une classe particulière. Il reviendra au maître de l'établir au fur et à mesure.

II. Les trois sections de ce livre

A. Exercices structuraux

1. Définition.

Toute langue a une grammaire, qu'elle ait été décrite ou non, codifiée ou non ; et l'enfant utilise celle de sa langue dès qu'il parle — c'est-à-dire bien avant de franchir les portes de l'école — avec plus ou moins de bonheur. Lui enseigner la grammaire, c'est d'abord affirmer et/ou développer sa pratique de la morpho-syntaxe du français par des exercices appropriés ; on les appelle *exercices structuraux,* parce qu'ils reviennent

---

1. Nous devrions, en fait, comparer les performances possibles de tel groupe d'élèves par rapport à tel autre d'un même C. E. 1. Tout dépend des conditions de travail de l'enseignant.

à faire acquérir ou à consolider les schèmes grammaticaux, les structures d'une langue donnée. Ils impliquent l'observation de quelques règles simples :

a) **Refus du recours à la réflexion.**

Les réalités grammaticales sur lesquelles ces exercices reposent sont objectivées pour celui qui les construit ou les dirige, mais non pour l'enfant. Il s'agit, en effet, d'asseoir les automatismes linguistiques nécessaires à toute expression — particulièrement orale —, de donner à l'élève les habitudes linguistiques fondamentales qui lui font défaut (il ne les pratique pas ou les pratique mal).

b) **Intensité et brièveté de l'exercice.**

Parvenir à installer ces automatismes suppose que l'on mène chaque séance le plus rapidement possible, sans aucun temps mort. Cette nécessaire intensité d'attention demandée à la classe ne peut qu'être limitée dans le temps (situons la durée d'une séance aux environs de dix à quinze minutes).

c) **Systématisation des batteries d'exercices.**

La classe participera d'autant qu'on l'aura initialement sollicitée dans un dialogue semi-libre; libre dans la mesure où l'élève peut y intervenir à sa guise, mais partiellement, puisque le maître tentera d'y émettre et d'y recevoir la microstructure sur laquelle il veut travailler. On s'attachera évidemment ici à trouver la motivation propre à éveiller l'intérêt de la classe.

Mais, ensuite, il est nécessaire de rompre cet échange, sous peine de perdre de vue l'objet même de l'exercice. Interviennent alors des batteries d'exercices systématisés, c'est-à-dire où **chaque élève** devra intervenir à son tour pour produire un énoncé à partir d'une consigne donnée. Ou bien chaque réplique passe par le maître (maître-élève 1, maître-élève 2...), ou bien s'instaure un jeu « en furet » (maître-élève 1, élève 2...); de toute façon, la classe entière doit participer, les enfants qui ont failli une première fois étant sollicités à plusieurs reprises espacées.

Il faut bien comprendre :

• qu'il s'agit de gammes dont on espère qu'elles enrichiront ultérieurement l'expression spontanée de l'enfant (l'expérience prouve qu'il n'est pas vain de l'espérer). L'exercice est donc **délibérément contraignant,** comme sont contraignantes les lois que nous impose la langue. Mais toute virtuosité suppose un travail antérieur, et même toute expression, si modeste doive-t-elle rester ;

• qu'il ne s'agit pas de faire répéter des énoncés tout faits, préparés par le maître, mais de faire actualiser, dans des énoncés accidentels et créés, selon les cas, par l'enfant ou par le maître, une micro-structure grammaticale imposée par la consigne[1].

REMARQUE. — L'exercice structural vise essentiellement à amender la pratique orale de la langue ; il est audio-oral. Néanmoins, chaque séance doit être accompagnée de quelques lignes écrites qui familiarisent l'enfant avec l'orthographe des formes manipulées. Par ailleurs, on a parfois fait suivre une séance d'une autre sur le même sujet, le travail étant alors effectué par écrit : manière de sonder, quoique grossièrement, l'efficacité des batteries orales.

L'idéal serait peut-être que chaque difficulté soit approchée par des batteries orales, puis écrites. Mais l'enfant du C. E. 1 maîtrise encore trop mal le graphisme pour qu'on puisse l'envisager. Le maître veillera, d'ailleurs, à ne pas exagérer la place de ces suites écrites. (Nous rappelons, d'une manière générale, que la grammaire ne doit pas envahir, sous peine de le défigurer, l'enseignement du français.)

2. *Articulations des leçons.*

Un exercice structural aura donc le modèle suivant :

A. DIALOGUE SEMI-LIBRE (ORAL), bref échange maître-élève sur le mode d'une conversation motivée (variantes : jeux de marionnettes, par exemple), où l'on s'efforcera :

• de faire naître l'intérêt des élèves à la prise de parole ;

• de glisser — et, dans la meilleure des hypothèses, d'obtenir de quelques-uns — la réalité grammaticale que l'on désire travailler.

B. SYSTÉMATISATION (ORALE) : batterie d'exercices intensément conduits, où chaque enfant devra nécessairement intervenir.

C. PROLONGEMENT ÉCRIT : très court (sauf s'il s'agit d'une batterie d'exercices, qui tient alors lieu d'une séance complète).

Le livre du C. E. 1 comprend ainsi une section dite d' « exercices structuraux ».

---

1. On évitera que ces remarques restent trop abstraites en parcourant simultanément la section C de ce manuel.

B. Morpho-syntaxe verbale

1. *Définition.*

La partie la plus difficile de la grammaire de notre langue est incontestablement le domaine du verbe. Ce n'est pas par hasard que la tradition a réservé à la conjugaison une si large place : le maniement des formes verbales pose à l'enfant de considérables problèmes. Il nous paraît important d'y prendre garde et de réserver dans la semaine de français un temps particulier au travail de la morphologie verbale.

Nous nous refusons pourtant à reprendre la démarche de la conjugaison traditionnelle, pour plusieurs raisons :

a) Elle n'envisage que l'écrit, alors qu'à l'évidence de nombreuses formes verbales sont défaillantes dans l'oral de nos élèves;

b) Elle ne se soucie pas, corollairement, du passage d'une forme orale à sa transcription graphique, ce qui entraîne de nombreuses confusions; ainsi, il nous paraît paradoxal de faire réciter : *ils chantent, e.n.t. ...,* c'est-à-dire d' « oraliser » une marque de l'écrit, et de ne jamais faire le départ entre une graphie parallèle d'une phonie (*dira* [diʀa]) et une graphie non parallèle de la phonie correspondante (*chante, chantes, chantent* [ʃãt]);

c) Elle revient à une simple mémorisation de séries conjuguées de paradigmes verbaux — sans souci de l'insertion de ces formes verbales dans des énoncés cohérents;

d) Elle isole l'apprentissage des marques verbales terminales (désinences) d'autres éléments qui leur sont solidairement unis, comme les pronoms de conjugaison, que l'on suppose connus alors que le jeune enfant ignore la pratique du *nous* et du *vous;*

e) Sa progression est très contestable; elle part ainsi d'un verbe comme *chanter,* dont le présent écrit est très différent du présent oral (cf. *chante, chantes, chantent* [ʃãt]), ce qui constitue une difficulté pour l'enfant; il est donc préférable de prendre au départ un verbe comme *avoir* (cf. *ai, as, a, avons, avez, ont,* dont une seule forme est ambiguë : *as/a*); elle ignore l'ordre de fréquence des verbes français, alors qu'il est raisonnable d'assurer la priorité au maniement oral et écrit des verbes les plus couramment utilisés; elle propose l'apprentissage des modes et des temps sans tenir grand compte de leur équilibre dans la structure du verbe français (sur tous ces points, nous aurons l'occasion de revenir en détail);

f) Elle revient à un dressage de la mémoire, alors que, sans oublier qu'il est important de développer cette faculté, nous pensons qu'un apprentissage effectif repose sur une découverte active et, si possible, passionnée.

Nous avons donc appelé la deuxième section de ce manuel *Morpho-syntaxe verbale,* non par simple et gratuite manie de terminologisme pédant, mais parce que le terme de *conjugaison* traîne derrière lui trop d'échos de réalités à notre sens périmées.

De quoi s'agit-il? De viser simultanément :

• à inscrire à l'oral la pratique des formes verbales lorsqu'elles y sont défaillantes;

• à inscrire à l'écrit une conjugaison correcte;

• à mettre patiemment en place la « mécanique » du verbe, c'est-à-dire la relation fondamentale sujet-verbe, le maniement des pronoms de conjugaison.

Cela suppose : *a*) que l'on aille toujours **de l'oral à l'écrit;** *b*) que l'on tienne compte des **fréquences** respectives des verbes à étudier[1]; *c*) que l'on définisse rigoureusement l'**ordre des séries** temporelles et modales à envisager. Nous commenterons au fil du manuel la progression adoptée.

2. *Articulation des leçons.*

Chaque séquence de morpho-syntaxe verbale est construite sur le modèle suivant :

• **Oral** : A. Dialogue dirigé; — B. Systématisation (voir, p. 8, les étapes A et B des Exercices structuraux);

• **Écrit**[2] : A. Travail au tableau (temps de découverte par l'enfant de la graphie des formes étudiées); — B. Exercices collectifs; C. Exercices individuels.

---

1. Voir les tables du *Français fondamental.*
2. Comme on peut le constater, la distinction entre « oral » et « écrit » ne porte pas sur la forme de l'exercice, mais sur son objet : dans le premier cas, il s'agit d'un travail *sur* l'aspect oral; dans le second, il s'agit d'un travail *sur* l'aspect écrit.

Les deux temps de la première étape seront plus ou moins importants selon la difficulté **orale** du verbe étudié. Même si l'on a la certitude que tel ou tel verbe est déjà et définitivement acquis (cf. un verbe comme *chanter,* au présent de l'indicatif), on respectera cette partie orale :

• parce qu'elle est la référence indispensable pour les formes graphiques, qu'elles y soient parallèles ou non ;

• parce qu'y interviennent non seulement le travail des formes verbales mêmes, mais aussi d'autres réalités morpho-syntaxiques (par exemple des pronoms de conjugaison).

Cet enseignement est ainsi semi-réflexif, car il fait appel conjointement à des exercices de type structural et à une réflexion sur la langue. Il en ira de même, au C. E. 1, pour la grammaire proprement dite.

C. Grammaire

1. *Définition.*

Les deux sections que nous avons précédemment décrites laissent à l'écart la **découverte réflexive** de la morpho-syntaxe du français (la seconde y touche, mais pour le seul verbe), ce que nous appelons ici « grammaire ».

Traditionnellement, la grammaire revient à mémoriser des définitions (*le nom, c'est...; le sujet, c'est ce qui...*) et des listes (*les adverbes de temps sont : . . .*), afin de « répondre correctement » à des « questions de dictée » et de maîtriser ce qu'il est convenu d'appeler l' « orthographe grammaticale ».

Cette dernière pose, à la vérité, des problèmes qu'on ne saurait éluder (il y a bien, par exemple, une règle d'accord de l'adjectif attribut, qu'il s'agit d'appliquer correctement), mais on doit peut-être les intégrer dans un ensemble mieux structuré. Pour le reste, il y aurait beaucoup à dire[1]. Signalons que nous nous sommes écartés :

a) d'une pratique grammaticale qui revient à accumuler par la mémoire un savoir encyclopédique ;

b) d'une grammaire qui trouve sa fin en soi : l'analyse telle qu'on la pratique généralement ne revient en effet qu'à vérifier si l'enfant a

---

1. Voir E. Genouvrier et J. Peytard, *op. cit.,* pp. 75-88.

bien assimilé le savoir qu'on lui a proposé; la grammaire garde ainsi une autonomie contestable, à l'écart de tout souci du progrès linguistique de l'enfant (il est évident que les « bons en analyse » ne se confondent pas toujours — il s'en faut — avec ceux qui lisent et écrivent correctement). Ce que nous critiquons ici, ce n'est pas exactement que l'on conduise l'enfant à une attitude analytique, mais qu'on s'en satisfasse;

c) d'une « analyse » dont les critères sont ambigus et discutables. Il s'agit de se fier tantôt à la « forme » (cf. *préposition, complément direct, indirect...*), tantôt au « sens » (cf. *complément de lieu, de temps...*), tantôt à une certaine « logique » (cf. *complément d'objet, sujet...*). Ces allées et venues perpétuelles d'un critère à l'autre ne peuvent que déconcerter le jeune élève. En outre, les critères de sens conduisent à de nombreuses impasses (*Paris* reste un « lieu » dans ces trois énoncés : *Il contemple Paris — Il va à Paris — Il pleut à Paris;* ce qui importe, ce n'est pas le « sens » du mot *Paris,* mais son statut syntaxique dans l'énoncé). Nous reviendrons souvent à cette question;

d) d'une analyse qui disperse l'attention de l'élève vers de multiples détails au lieu de la centrer sur les réalités fondamentales de la syntaxe. Il est significatif que l'on commence généralement la grammaire au C. E. 1 par les mots (le nom, l' « article », l'adjectif...), alors que l'**unité fondamentale de toute communication linguistique est la phrase** : on émiette les remarques sur certaines unités d'un énoncé au lieu d'extraire de cet énoncé la grammaire qui lui donne sa cohérence syntaxique.

Pour notre part, nous assignerons à la grammaire deux objectifs fondamentaux et complémentaires.

a) La maîtrise d'une pratique.

Nous avons déjà longuement insisté sur la nécessité qu'il y a d'intégrer la grammaire dans un apprentissage effectif de la langue française : elle y doit servir et non régner. De la même manière que nous avons attribué aux exercices structuraux le rôle de contribuer à développer chez l'élève les automatismes linguistiques nécessaires à l'oral, nous concevons la grammaire comme un moyen d'assurer la morpho-syntaxe nécessaire à l'écrit.

Entendons que l'écrit, lieu des réalisations linguistiques les plus élaborées, requiert du scripteur qu'il surveille sans relâche la construction de ses énoncés; de ratures successives, c'est-à-dire de choix successifs, doit naître l'énoncé optimal. Ecrire, c'est se censurer et être censuré; c'est choisir, et non seulement ses mots, mais encore leur agencement, lexique et syntaxe étant d'ailleurs en étroite liaison.

Nous pensons que donner ainsi à un élève le **moyen** d'écrire c'est, notamment, mettre à sa disposition des procédures de choix, lui faire explorer pas à pas les possibilités de la syntaxe de sa langue, lui apprendre à les exploiter.

Il s'agit donc encore, mais cette fois en faisant appel à sa **réflexion**, de le conduire à **pratiquer** sa langue, de concevoir ainsi des exercices où il sera incité à exploiter, dans le cadre du travail d'une structure de phrase, telle série pronominale, telle règle de transformation, etc., où il s'habituera aux grandes opérations linguistiques : **commutation, permutation, transformations**[1].

Partons du principe qu'un énoncé quelconque repose sur une organisation formelle : il contient tel type de complément qui fonctionne parallèlement à telle série pronominale, il peut recevoir tel type de transformation[2].

Ce qui nous intéresse, c'est précisément que l'enfant explore cette organisation et la maîtrise peu à peu. Autrement dit, nous opterons délibérément pour une approche formelle de la syntaxe, car c'est bien au niveau de la forme qu'elle impose ses lois à l'usager. Encore une fois, la grammaire est conçue comme gammes, **exercices préparatoires** à la parole et/ou à l'écriture. Il nous faut donc insister de nouveau et très vigoureusement sur le danger qu'il y aurait à réduire la classe de français à l'univers de ce manuel. Poser que la grammaire revient à pratiquer des gammes, c'est sous-entendre qu'il doit y avoir ailleurs, à d'autres moments de la classe, des temps où l'on cherchera la mélodie. Avançons même que ces temps de « liberté » (conversations, textes libres,

---

1. Tout cela sera expliqué et détaillé au cours du manuel.

2. Rapidement, disons ici que l'énoncé : *le paysan laboure la terre* admet certaines séries pronominales comme :

Le paysan **la** laboure
—   —   **le**   —
—   —   **les**   —
Que laboure le paysan ?

et reçoit les transformations interrogative, négative et passive.

poésie, etc.) sont d'autant plus nécessaires, fondamentaux, que notre approche grammaticale est formelle et volontairement contraignante.

b) La maîtrise d'un code.

Cette attention portée au **fonctionnement** d'un énoncé conduit corollairement à dégager des ensembles, à opposer des unités : « ce terme fonctionne ou ne fonctionne pas comme cet autre », « toutes ces unités fonctionnent de la même manière; elles forment un ensemble »... La **réflexion** sur la langue entraîne une **description** de la langue — c'est-à-dire la saisie progressive des grands axes d'une **structure** linguistique.

Nous voici reconduits à une analyse, mais à la vérité très différente de celle que nous condamnions plus haut :

• d'une part, elle tend à homogénéiser ses critères (en l'occurrence ils seront chaque fois que possible formels), donc à plus de cohérence; simultanément elle respecte — nous nous en expliquerons chemin faisant — un itinéraire soigneusement balisé où l'on tiendra grand compte de la structure de la syntaxe française et de la maturité relative de l'enfant;

• d'autre part, elle n'est pas présentée comme le seul but à atteindre, ni même comme l'objectif fondamental, prioritaire. Nous pensons qu'il est important qu'un enfant, puis un adolescent, apprenne à connaître les lois qui régissent le code qu'il utilise : c'est un moyen pour lui de le dominer, au lieu d'y rester aliéné. Il y a là une rencontre capitale avec **l'un des systèmes de signes** que lui impose la vie en société. Mais il reste que la réflexion sur la langue suppose une pratique de la langue : il nous semble parfaitement vain de vouloir obtenir d'un élève la saisie raisonnée d'un phénomène linguistique qu'il ne pratique pas ou pratique mal. D'où il suit que la réflexion grammaticale est chronologiquement subordonnée à la pratique de la grammaire du français, ce qui oblige à des précautions :

— on s'interdira d'approcher par la réflexion toute réalité syntaxique non suffisamment maîtrisée empiriquement;

— on sera souvent conduit à explorer une microstructure syntaxique en se satisfaisant provisoirement de faire travailler certaines des opérations linguistiques qu'elle permet et qu'il est possible d'approcher à tel stade précis de la scolarité de l'enfant.

Ce n'est donc pas parce que l'enfant, à un moment précis, reste incapable d'une saisie réflexive complète des phénomènes qu'on ne pourra pas les mettre en œuvre dans une pratique. Encore une fois, les nécessités de l'analyse sont une chose et l'apprentissage de la langue une autre; si les deux convergent finalement, il est parfaitement possible de les disjoindre dans le provisoire[1].

Nous nous expliquerons plus loin sur la progression adoptée dans cette section GRAMMAIRE. Soulignons simplement ici que le précédent propos vise non le C. E. 1 spécifiquement, mais l'ensemble de la scolarité primaire. Il est donc important de concevoir la progression au C. E. 1 comme le début d'un itinéraire; nos collègues penseront parfois qu'on aurait pu dans tel cas « aller plus loin », ils se demanderont dans tel autre le pourquoi des choix intervenus. Nous tenterons de nous expliquer le plus clairement possible; mais nous demandons aussi que l'on attende d'avoir sous les yeux la totalité du parcours pour juger de sa validité.

2. Articulations des leçons.

Nous proposons deux schémas différents qui se distinguent par la place accordée à la grammaire réflexive.

• **Difficulté non maîtrisée à l'oral.** — Le problème abordé importe autant à la pratique orale qu'à la pratique écrite; **la pratique l'emporte sur la réflexion :**

A. DIALOGUE SEMI-LIBRE et SYSTÉMATISATION (voir les premières étapes des sections précédemment décrites);

B. APPROCHE RÉFLEXIVE des phénomènes;

C. EXERCICES D'APPLICATION ORAUX;

D. EXERCICES D'APPLICATION ÉCRITS.

• **Difficulté maîtrisée à l'oral.** — Le problème abordé importe essentiellement à la pratique écrite; **réflexion et pratique s'équilibrent :**

A. TRAVAIL ORAL à partir d'exemples consignés au tableau noir;

B. APPROCHE RÉFLEXIVE des phénomènes;

C. EXERCICES D'APPLICATION ORAUX (éventuellement);

D. EXERCICES D'APPLICATION ÉCRITS.

---

1. L'approche des pronoms personnels sujets, par exemple, est purement empirique dans les six premières leçons de la SECTION B (B 1 à B 6); elle devient réflexive dans les quatre dernières leçons de la SECTION A (A 18 à A 21).

III. Terminologie et symbolisation

Approcher un objet pour le décrire suppose qu'on ait à sa disposition des outils d'investigation; quand il s'agit d'une langue, la tâche est difficile, puisque nous n'avons, pour parler du français par exemple, que le français lui-même... Néanmoins, le linguiste utilise un langage particulier dont le rôle spécifique est précisément de pouvoir parler du langage; c'est un langage à côté du langage, et pour cette raison on l'appelle **métalangage.**

Au niveau pédagogique, le métalangage grammatical peut prendre deux formes complémentaires : la **terminologie;** la **symbolisation.**

Le recours à une symbolisation nous a paru indispensable pour mettre en évidence, aussi clairement que possible, la structure de la phrase; le détail en sera donné au cours de ce livre[1].

La terminologie pose quant à elle quantité de problèmes; par nature ambiguë, elle reste, quelle qu'elle soit, naturellement critiquable. Aussi avons-nous été prudents et nous sommes-nous tenus à ce principe : il n'y a lieu de modifier la terminologie traditionnelle que dans deux cas :

- lorsqu'elle pose à l'enfant de sérieuses et gratuites **difficultés;**

- lorsqu'elle est en trop nette **contradiction** avec la description des faits linguistiques.

La tradition ayant réduit la grammaire à l'analyse, à un étiquetage, les problèmes de terminologie hantent généralement le pédagogue. Il faut les ramener à leur juste place. Sans doute restent-ils importants : nommer les choses, c'est d'une certaine manière avoir prise sur elles — et le nom qu'on leur donne a son intérêt. Mais ils ne sont pas l'essentiel de l'enseignement grammatical, même du strict point de vue de l'analyse : l'expérience montre que, lorsqu'un enfant a bien saisi le fonctionnement d'un phénomène linguistique, peu lui importe, à la limite, qu'on le nomme ainsi ou ainsi — voire qu'on le débaptise pour le rebaptiser.

---

1. Signalons simplement ici que cette symbolisation repose sur l'emploi de couleurs différentes que, pour des raisons techniques, nous avons dû réserver au livre de l'élève. On trouvera p. 19 un tableau de correspondance entre la symbolisation du livre de l'élève et celle de ce manuel.

On tiendra donc notre terminologie pour ce qu'elle vaut, mais ce serait une erreur, nous semble-t-il, d'y vouloir réduire la valeur de ce manuel[1].

N. B. — Parmi nos outils d'investigation, nous avons aussi retenu certains modèles mathématiques qui sont ou qui seront demain en usage dans toutes les classes. Nous avons, en effet, pensé qu'il était naturel — et efficace — que l'enfant se serve des instruments qu'on a mis à sa disposition. Comprenons bien qu'il ne s'agit là que d'outils : il ne dépend pas d'eux seuls que l'investigation soit bonne...

Conclusion

Nous avons rapidement parcouru l'univers de ce manuel. Il se divise effectivement selon les trois sections que nous avons décrites. Mais toutes trois visent à atteindre un même et unique objectif : **donner à l'enfant la maîtrise implicite et/ou explicite de la morpho-syntaxe élémentaire du français.** Et toutes trois sont solidairement unies, une séquence de l'une préparant souvent une séquence d'une autre, ou la suivant logiquement. Il est donc important :

• de suivre exactement leur progression respective ;

• de tenir compte de la totalité des démarches et exercices proposés, c'est-à-dire de résister à la tentation de ne retenir que ceux qui rappellent, de près ou de loin, des conduites familières.

Nous insistons particulièrement sur le danger qu'il y aurait à revenir, pour ce qui regarde la grammaire, aux méthodes d'hier. Car il ne doit pas s'agir de faire appel à la mémoire seule : si nous ne proposons pas de « résumés », c'est qu'il n'y a à proprement parler aucune *leçon* à apprendre, aucune définition à retenir du jour pour le lendemain. Il y a à **découvrir**, à **faire découvrir.** C'est infiniment plus passionnant, et d'ailleurs efficace (on s'apercevra que l'enfant retient mieux ce qu'il a intellectuellement vécu : à l'ennui d'un enseignement subi et comme étranger se substitue alors l'intérêt de « leçons » où il s'intègre activement et partage avec ses camarades la responsabilité d'une découverte).

---

1. Précisons une fois pour toutes qu'un travail de ce genre étant par nature perfectible il nous sera précieux de recevoir l'avis de ses utilisateurs.

« Livre du maître » et « livre de l'élève »

1. A l'enfant, nous semble-t-il, ne doit revenir qu'un recueil d'exercices — et d'exercices écrits. Nous avons dit, en effet, qu'il n'y avait pas de « leçons à apprendre », ce qui exclut les résumés[1]; quant aux exercices oraux, ils n'ont pas à être... écrits. Le livre de l'élève contient donc exclusivement des exercices écrits d'application, aussi nombreux et divers que possible.

2. Au maître revient le reste, c'est-à-dire :

• le canevas complet et détaillé de chaque séance et tous les exercices oraux. Ceux-ci se réduisent souvent à un thème proposé et à quelques questions qui les mettent en œuvre; l'oral suppose en effet que l'on considère les élèves comme des interlocuteurs dont on ne saurait préjuger les réactions; aussi est-il vain de prévoir l'ensemble ordonné des questions que le maître devra poser au cours du dialogue. Il importe seulement qu'il ait à l'esprit le cadre de l'exercice et son départ;

• tous les commentaires théoriques et pédagogiques qui éclairent tant la progression retenue que le détail des séances particulières. Ils seront selon les cas plus ou moins développés, beaucoup plus longs, comme il est normal, à l'approche d'un vaste problème, puisqu'ils « couvriront » alors toute une série de leçons.

Ordre des sections et ordre des leçons

Cet ouvrage de pédagogie et le manuel de l'élève sont divisés selon les sections (A. GRAMMAIRE. — B. MORPHO-SYNTAXE VERBALE. — C. EXERCICES STRUCTURAUX), puis selon l'ordre des leçons.

N. B. — *a*) A la leçon A 1 correspondent B 1 et C 1, etc. — *b*) A 1, B 1, C 1, (A 2, B 2, C 2, etc.) forment un ensemble qui peut normalement fournir le travail grammatical d'une semaine (voir TABLEAU, p. 20).

Symbolisation

Il ne nous a pas été possible, dans cet ouvrage, d'utiliser des couleurs différentes pour distinguer les groupes. Nous avons donc recouru à une symbolisation particulière.

Groupe rouge :

Groupe jaune :

Groupes non identifiés :

---

1. Les connaissances grammaticales doivent être élaborées avec l'enfant ; il serait donc paradoxal de lui en proposer le résumé tout fait. On pourra, en revanche, construire à partir du travail conduit avec lui, des tableaux, figures, fiches, etc., c'est-à-dire concrétiser un labeur effectivement personnel.

RÉPARTITION HEBDOMADAIRE DES LEÇONS

Les leçons qui portent le même numéro (indiqué en marge) doivent être menées de front, en principe au cours de la même semaine.

	SECTION A GRAMMAIRE	SECTION B MORPHO-SYNTAXE VERBALE	SECTION C EXERCICES STRUCTURAUX
1.	La phrase déclarative positive	*Avoir* au présent avec *je* et *tu*	Les déterminants *le, ce, son*
2.	La phrase interrogative positive	Les verbes en *-er* au présent avec *je* et *tu*	Passage de *le* déterminant à *le* pronom
3.	La phrase déclarative négative	*Avoir* et v. en *-er* : prés. avec *il/elle*	Passage du dét. *ce* aux pr. correspondants
4.	La phrase exclamative	*Avoir* et v. en *-er* : prés. avec *il/elle* ou GN sing.	Les dét. *mon, ton* et les pr. correspondants
5.	La notion de groupe	*Avoir* et v. en *-er* : prés. avec *ils/elles*	Les dét. *son, leur* et les pr. correspondants
6.	« Groupe jaune » et « groupe rouge »	*Avoir* et v. en *-er* : prés. avec *ils/elles* ou GN plur.	Les pronoms *les siens* et *les leurs*
7.	Commutativité et expansion des gr.	Découverte de l'infinitif	Révision
8.	La relation sujet-verbe	*Avoir* et v. en *-er* : prés. avec *nous*	Le dét. *notre* et le pr. *le nôtre*
9.	Un sujet formé de plusieurs GN	*Avoir* et v. en *-er* : prés. avec *vous*	Le dét. *votre* et le pr. *le vôtre*
10.	Un même sujet pour plusieurs verbes	*Aller* : prés. avec *je, tu, il/elle, ils/elles* ou GN	Batteries écrites (livre de l'élève)
11.	Inversion du sujet et du verbe	*Aller* : prés. avec *nous* et *vous*	Passage de *du / de la / des* à *de* par transformation négative
12.	Le déterminant et le nom	L'opposition présent/futur	Batteries écrites (livre de l'élève)
13.	L'adjectif	V. en *-er* : futur simple avec *je, tu, il/elle, ils/elles* ou GN	Passage de *quelques* et *tous les* à *quelques-uns* et *tous*
14.	Nom propre et nom commun	V. en *-er* : futur simple avec *nous* et *vous*	*Qui est-ce qui? qui? dis-moi qui...*
15.	Le genre	V. en *-er* ; futur périphrastique avec *je, tu, il/elle, ils/elles* ou GN	*Qui est-ce qui? qui? dis-moi qui...* (suite)
16.	Le nombre	V. en *-er* : fut. périphrastique avec *nous, vous*	*Qu'est-ce que? que? dis-moi ce que...*
17.	Le genre et le nombre	V. en *-er* : fut. périphrastique : révision	*A qui? chez qui? pour qui? dis-moi à qui...*
18.	La notion de pronom ; *je* et *tu*	*Être* : prés. avec *je* et *tu*	Batteries écrites (livre de l'élève)
19.	Les pronoms de 3e personne	*Être* : prés. avec *il/elle, ils/elles* ou GN	*Quel? dis-moi quel...*
20.	Le pronom *nous*	*Être* : prés. avec *nous*	*Quel? dis-moi quel...* (suite)
21.	Le pronom *vous*	*Être* : prés. avec *vous*	Synthèse

SECTION A

GRAMMAIRE

REMARQUES PRÉLIMINAIRES

La grammaire : morphologie et syntaxe

1. Une langue repose sur : *a)* un ensemble d'unités minimales de signification; *b)* les règles de combinaison de ces unités.

En *a*, nous trouvons des unités qui, comme les verbes, les noms, les adjectifs et certains adverbes,

- sont nombreuses (il serait très long d'énumérer tous les noms, adjectifs, etc. du français),

- appartiennent à des classes en constante mutation : chaque jour des noms sont créés (*téléviseur, cosmonaute...*), d'autres disparaissent (*tilbury, borne-fontaine...*).

Nous trouvons aussi des unités qui, comme les désinences verbales, les prépositions, les pronoms,

- sont en nombre limité (il est facile d'énumérer rapidement la liste des pronoms personnels, la totalité des adjectifs démonstratifs...),

- appartiennent à des classes qui n'évoluent que très lentement (on n'assiste pas du jour au lendemain à la création de nouvelles désinences verbales, de nouveaux pronoms relatifs...).

Les unités de la première série sont des **lexèmes**, celles de la seconde des **morphèmes**. Il revient à la grammaire d'énumérer les morphèmes du français, d'étudier leur fonctionnement et leur répartition : cette partie de la grammaire s'appelle la **morphologie.**

La grammaire a aussi pour tâche de s'intéresser aux lois de combinaison des lexèmes et morphèmes, c'est-à-dire aux règles qui permettent, à partir d'unités minimales de signification isolées, d'obtenir une phrase. Cette partie de la grammaire s'appelle la **syntaxe.**

2. Morphologie et **syntaxe** ne se confondent pas; cependant, il est souvent difficile de les disjoindre. Par exemple, le morphème *le* sera classé par la morphologie; mais son identification dans un énoncé (pronom ou « article ») est conditionnée par l'observation de son contexte, c'est-à-dire des unités avec lesquelles il entre en combinaison : nous voici dans la syntaxe.

C'est pour cette raison que nous avons parlé dans notre introduction de **morpho-syntaxe,** entendant par là que les deux parties de la grammaire sont indissolublement liées.

Il reste que l'on peut, selon les cas, placer l'éclairage davantage sur l'une que sur l'autre. Par exemple, si l'on étudie les pronoms personnels, sur la morphologie; si l'on étudie la phrase simple, sur la syntaxe.

Principes de la progression

1. Dans la mesure où nous envisagerons toujours de travailler avec les élèves sur des énoncés cohérents, sur des phrases complètes, nous adopterons une perspective syntaxique. Mais l'approche réflexive de la structure de la phrase française suppose que soit maîtrisé le jeu des morphèmes. Ces derniers sont en effet très importants :

• Aucune phrase ne peut fonctionner sans morphèmes;

• Si l'on établit la liste des mots du français par ordre de fréquence décroissante, on s'aperçoit que les morphèmes (dits encore « mots grammaticaux ») viennent en tête, et que, sur les mille mots les plus fréquents, trois cents sont des « mots grammaticaux ».

Nous avons donc adopté ce principe général de progression :

• C. E. 1 et C. E. 2, approche plus morphologique que syntaxique;

• C. M. 1 et C. M. 2, approche plus syntaxique que morphologique.

2. Au C. E. 1, la progression est établie comme suit :

a) La phrase et ses transformations;
b) Les groupes dans la phrase;
c) La relation sujet-verbe;
d) Les constituants du groupe nominal;
e) Les marques du genre et du nombre dans le groupe nominal;
f) La notion de pronom; les pronoms personnels sujets.

La démarche vise à partir de la phrase, unité fondamentale de communication (*a*), pour aller vers ses grandes unités (*b*) et extraire, parmi les relations qu'elles entretiennent, une relation fondamentale (*c*). Le « groupe sujet » est alors lui-même analysé en ses constituants (*d*), et l'on y observe les lois morphologiques qui sont en œuvre (*e*); enfin, on étudie les morphèmes qui peuvent fonctionner à la manière d'un groupe nominal, et notamment les pronoms personnels sujets (*f*).

PREMIÈRE PARTIE : LEÇONS A 1 à A 4

Reconnaissance orale et écrite de la phrase

Introduction

1. La communication linguistique repose sur un échange d'énoncés dont l'unité fondamentale est la **phrase**. C'est donc de cette unité qu'il faut partir.

2. L'enfant la connaît bien empiriquement : comme Monsieur Jourdain de la prose, il fait des phrases sans le savoir.

Il est nécessaire de le conduire à la découverte de cette unité, notamment pour qu'il ait une vue plus claire de la composition des textes qu'il lit, et qu'il donne plus de cohérence à ceux qu'il écrit lui-même.

3. L'identification de la phrase doit d'abord se faire **à l'oral** :

- la phrase y est isolée par deux **pauses** fortes. Si nous convenons de noter ces pauses par le signe ‖, nous aurons :

Il pleut ‖ tout se tait peu à peu ‖ le monde s'endort sous ses nuages ‖

- la phrase y est accompagnée d'une **intonation** spécifique, c'est-à-dire d'une variation de la hauteur de la voix, qui « monte », « descend » ou reste plane.

4. Cette intonation a un rôle fondamental, et il importe d'y consacrer une part du travail. A elle seule, elle peut faire varier le sens d'un énoncé : si nous convenons de représenter par le signe ↗ une intonation montante, et par le signe ↘ une intonation descendante, nous pouvons avoir :

Il est venu hier avec son père[1]	(montante/descendante)	DÉCLARATIVE
Il est venu hier avec son père ?	(montante)	INTERROGATIVE
Il est venu hier avec son père	(descendante)	EXCLAMATIVE

---

1. Nous simplifions ici à l'extrême, particulièrement pour ce qui concerne l'intonation exclamative.

5. L'écrit ne fait qu'essayer de transcrire ces marques orales que sont les pauses et l'intonation par ce qu'on appelle les *signes de ponctuation.*

6. Par *phrase,* nous entendons donc, pour le moment, une combinaison d'unités linguistiques dont la cohérence est marquée :

• à l'oral, par deux pauses fortes, au début et à la fin, et une intonation ;

• à l'écrit, par des signes de ponctuation spécifiques.

Tout au long du C. E. 1, nous ne ferons intervenir que des phrases simples, comportant un seul verbe[1].

7. Nous avons précédemment opposé trois types d'énoncés :

Il est venu.
Il est venu?
Il est venu!

Nous pourrions les coupler avec ces trois autres types :

Il n'est pas venu.
Il n'est pas venu?
Il n'est pas venu!

Nous obtenons le tableau suivant :

	positif	négatif
PHRASE DÉCLARATIVE	Il est venu.	Il n'est pas venu.
PHRASE INTERROGATIVE	Il est venu?	Il n'est pas venu?
PHRASE EXCLAMATIVE	Il est venu!	Il n'est pas venu!

Si nous appelons **règle de transformation** une règle qui convertit de manière constante une phrase donnée en une phrase **dérivée**, nous pouvons dire que :

• les phrases interrogatives et exclamatives sont les dérivées de phrases déclaratives ;

• les phrases négatives sont les dérivées de phrases positives[2].

---

1. Est-il besoin de préciser que cette restriction ne vaut que pour les exercices de ce manuel, et non pour les lectures, les textes divers, etc.?
2. Il est en effet toujours possible de retrouver, à partir d'une interrogative, la déclarative correspondante ; à partir d'une négative, la positive correspondante.

8. Nous considérerons donc que l'interrogation, l'exclamation et la négation sont des transformations et que nous avons à les approcher comme telles avec les élèves; non seulement pour les faire identifier, mais encore pour les faire pratiquer, car elles sont de haut rendement et, pour certains élèves, mal dominées encore à ce stade de la scolarité.

9. La première partie de la SECTION A sera constituée comme suit :

> LEÇON A 1 — **La phrase déclarative positive;**
> LEÇON A 2 — **La phrase interrogative positive;**
> LEÇON A 3 — **La phrase déclarative négative;**
> LEÇON A 4 — **La phrase exclamative.**

C'est par souci de simplicité que nous exclurons pour l'instant l'approche des autres combinaisons possibles.

10. Nous suggérons de recourir à une formalisation simple des transformations, la **machine mathématique**; ainsi, pour l'interrogation, on aurait :

$$[q] \rightarrow \; = \textbf{machine - question} \quad \text{ou} \quad [i] \rightarrow \; = \textbf{machine interrogative}$$

Le passage de *Il pleut* dans ces machines donne les transformations :

$$\text{Il pleut } [q] \rightarrow \begin{array}{l} \text{Pleut-il?} \\ \text{Est-ce qu'il pleut?} \\ \text{Il pleut?} \end{array} \quad \text{ou} \quad \text{Il pleut } [i] \rightarrow \begin{array}{l} \text{Pleut-il?} \\ \text{Est-ce qu'il pleut?} \\ \text{Il pleut?} \end{array}$$

La consigne écrite à laquelle répondent ces transformations peut se ramener à :

$$\text{Il pleut } [q] \rightarrow \quad \text{ou} \quad \text{Il pleut } [i] \rightarrow$$

A 1   La phrase déclarative positive

1. On part à l'oral de la connaissance empirique que les enfants ont de l'intonation et des pauses, et de leur réaction à l'audition d'une « mauvaise lecture ».

2. TERMINOLOGIE introduite[1] : **phrase** (à la fin de l'étape ORAL, DIALOGUE DIRIGÉ, **1**). — Aucune définition à apprendre : il s'agit de « faire vivre ».

3. Les exemples donnés dans la rubrique ORAL, SYSTÉMATISATION ne sont évidemment là qu'à titre d'illustration : c'est aux enfants qu'il revient d'inventer des phrases.

4. La liaison avec la lecture (ORAL, SYSTÉMATISATION, **3**) est naturelle. On y sera très attentif à l'intonation et aux pauses.

---

1. Nous signalerons toujours comme telle la terminologie nécessaire à l'élève ; tous les autres termes techniques (par exemple, dans cette leçon : *déclarative positive*) ne sont là que pour le maître.

Oral

A. Dialogue dirigé

1. Lecture par le maître d'un texte non ponctué (sans respect des pauses ni des intonations).

TEXTE PROPOSÉ. — Beaucoup d'arbres gardent encore leur air d'été les peupliers perdent déjà leurs belles feuilles jaunes elles planent quelques instants et s'abattent dans l'herbe les feuilles des bouleaux ont de fines lignes brunes eux aussi commencent à se dépouiller.

● Attendre les réactions des élèves : *mauvais, monotone, nécessité d'un arrêt,* etc.

● Faire une seconde lecture : les enfants lèveront la main quand ils sentiront la nécessité de respirer. Le faiblissement, puis l'arrêt marquent la fin de la phrase.

2. Autres thèmes possibles : la chasse ; les vendanges.

3. Jeu oral : faire la lecture correcte d'un texte et faire compter les phrases en silence.

TEXTE PROPOSÉ. — Nous partons par un beau matin d'automne. Un léger brouillard flotte encore sur la vallée. La rosée se dépose goutte à goutte sur chaque brin d'herbe et chaque feuille. L'air sent l'eau, la fumée et les feuilles mortes. Un lapin qui nous a vus se sauve à petits bonds et disparaît parmi les broussailles. Il va donner l'alarme à ses frères.

B. Systématisation

1. Faire une phrase. Faire deux phrases.
Ex. — C'est l'automne. Le brouillard flotte sur la campagne.

2. Construire une petite histoire, chacun apportant une phrase au texte.
Ex. — Les chasseurs sont dans les champs. Ils ont le fusil en bandoulière. Un lièvre passe en courant. Les chasseurs tirent...

3. Travail sur le livre de lecture.

• Reconnaissance de la phrase écrite : il y a un point quand la voix baisse, une majuscule au mot qui commence la phrase suivante et à chaque début de paragraphe.

• Lecture d'une phrase par chaque élève : le voisin continue avec la phrase suivante. (Ce travail pourra se continuer pendant la classe de lecture : toutes les une ou deux phrases, changement de lecteur.)

Écrit

A. Exercices collectifs

On peut les réaliser à partir de textes polycopiés ou écrits au tableau.

1. Mettre les points qui manquent.

Papa va à la chasse tous les dimanches Il est très patient Pourtant il rentre toujours bredouille C'est désespérant

2. Mettre les majuscules.

le vent souffle dans la cheminée. les arbres perdent leurs feuilles. elles forment un tapis sous nos pieds.

3. Mettre les points et les majuscules.

le chasseur arpente le champ son chien court de tous les côtés les lièvres se cachent dans leurs gîtes

4. Eventuellement, correction d'un texte d'élève à partir de ce qui vient d'être étudié.

B. Exercices individuels

• Voir **L. E.**[1], p. **7.** _____

---

1. Nous utiliserons cette abréviation pour désigner le *Livre de l'élève.*

La phrase interrogative positive A 2

1. La transformation interrogative n'est ici envisagée que lorsqu'elle s'applique à la phrase tout entière.

2. Elle peut prendre trois formes. Elle se marque alors :

- par la seule intonation : *il pleut?*

- par l'intonation et par un morphème spécifique : ***est-ce qu'il pleut?***

- par l'intonation et par l'inversion du sujet s'il est un pronom : *pleut-il?* — ou, s'il est un *GN[1]*, sa reprise par le pronom correspondant : *son père va-t-il à la chasse?*

3. Sans doute cette dernière marque est-elle considérée comme la plus élaborée, mais :

- elle ne peut pas toujours fonctionner (*je chante* ne donne jamais *chanté-je*, sauf dans les grammaires!);

- les deux autres fonctionnent couramment en français.

Il y a donc lieu de considérer les trois. On pourra plus tard envisager de choisir l'une ou l'autre, en fonction du niveau de langue à adopter dans telle situation de communication précise, mais ces distinctions ne seraient pas productives au niveau du C. E. L'important est que l'enfant maîtrise peu à peu les trois formes, de manière qu'il puisse ensuite (plus tard) opérer un choix.

En tenant compte qu'il pratique plus couramment les deux premières, nous avons réservé un exercice particulier au maniement de la troisième (ORAL, SYSTÉMATISATION, 2) en y faisant volontairement alterner pronoms et GN en fonction de sujet.

4. TERMINOLOGIE introduite : **phrase-question** ou **phrase interrogative.**

N. B. — *a)* Cette double appellation nous paraît concrète et utile au C. E. 1. Mais on pourra s'en tenir seulement à **phrase interrogative.** — *b)* Nous avons renoncé à opposer *phrase-question / phrase déclarative* par souci de simplicité. Mais l'opposition est évidemment latente. On la concrétisera, quand il sera nécessaire, par des tournures comme : « Donne-moi la phrase non-question correspondante », « donne-moi l'autre phrase », etc. L'élève comprendra de toute façon très vite qu'à une phrase-question en correspond une autre.

5. La mise en place de la **machine-question** ou **machine interrogative** (voir p. 27) devrait intervenir avant la fin de la rubrique ORAL, TRAVAIL AU TABLEAU.

---

1. Nous utiliserons couramment les abréviations : *GN* (groupe nominal), *GV* (groupe verbal).

Oral

A. Dialogue dirigé

1. Lecture d'un texte par le maître.

TEXTE PROPOSÉ[1]. — Brusquement la tempête s'élève. Un vent furieux se déchaîne. Il heurte les portes des maisons. Il soulève des nuages de poussière et de feuilles mortes. Une porte claque. Rien ne résiste au vent.

• « Qu'avez-vous entendu ? — Une histoire, un texte, des phrases... — Combien de phrases ? » (Cette question nécessite la relecture du texte.)

• Troisième lecture magistrale de la deuxième phrase du texte, mais avec l'intonation interrogative : « Un vent furieux se déchaîne ? » Demander aux enfants s'ils remarquent une différence. Les réponses peuvent être diverses : « Vous demandez quelque chose. Votre voix monte. Vous posez une question... » Enchaîner : « Peut-on demander la même chose d'une ou de plusieurs autres manières ? » Réponses prévisibles : « Le vent se déchaîne ? Est-ce que le vent se déchaîne ? Le vent se déchaîne-t-il ? » Introduire alors la terminologie de la leçon : « Toutes ces phrases sont des phrases-questions, on les appelle encore phrases interrogatives. »

2. Même travail avec les autres phrases du texte, puis, éventuellement, à partir d'un texte d'élève ou d'une histoire inventée collectivement par les enfants (par exemple, une scène jouée par les marionnettes).

B. Travail au tableau

1. Reprendre, au tableau, une des phrases travaillées oralement.

Un vent furieux se déchaîne ? Est-ce qu'un vent furieux se déchaîne ? Un vent furieux se déchaîne-t-il ?

Faire remarquer le point d'interrogation qui renseigne sur la façon de lire la phrase.

2. Chercher des phrases-questions dans le livre de lecture. Donner les deux autres formes qu'elles auraient pu prendre.

---

1. Les textes que nous proposons ne sont là que pour éclairer le **principe** de l'exercice. Le maître sera sans doute souvent conduit à choisir un autre **thème**, plus en rapport avec ce qu'il fait par ailleurs.

C. Systématisation

1. Proposer des phrases déclaratives à transformer. Les enfants doivent donner successivement les trois tournures interrogatives correspondantes. (Ex. — *Le vent souffle très fort.* → *Le vent souffle très fort? / Est-ce que le vent souffle très fort? / Le vent souffle-t-il très fort?*)

Les herbes se couchent → ... — Tu écoutes la chanson du vent → ... — Les branches craquent → ... — Les fruits tombent dans l'herbe → ... — L'automne est arrivé → ... — Rémi et Nicole cherchent des champignons → ... — Ils en trouvent beaucoup → ... — Ils sont contents → ... — Vous aimez cette saison[1] → ...

2. Proposer un modèle, par exemple : *La tempête sera catastrophique pour les vendanges* → *La tempête sera-t-elle catastrophique pour les vendanges?* et demander les phrases-questions correspondant à :

Le vent hurle dans les branches. — Il a peur de la tempête. — Les feuilles envahissent la cour. — Tu détestes le mauvais temps. — Nous sortirons tout à l'heure.

3. Jeu oral. Chaque enfant propose une phrase déclarative, et son voisin la transforme en phrase interrogative.

Écrit

A. Exercices collectifs

1. Transformer la seconde phrase de chaque énoncé en phrase-question.

Il est parti hier soir. Il était fâché. — J'ai acheté de nouvelles chaussures. Elles me vont bien. — Tu as mauvaise mine. Tu es malade. — La lumière s'est éteinte. Les plombs ont sauté.

2. Transformer les phrases-questions en phrases déclaratives.
Est-ce que les derniers fruits sont tombés? → ... — Le vent siffle-t-il dans les branches? → ... — Est-ce que les châtaigniers plient? → ... — Tu aimes l'automne? → ...

B. Exercices individuels

• Voir **L. E.,** p. 8.

33

1. Nous approchons ici de la deuxième transformation fondamentale de la phrase : la **négation.** On a tenté d'y discerner d'une part un morphème général : *ne... pas,* d'autre part quelques morphèmes plus particuliers : *ne... plus, ne... jamais, ne... rien, ne... encore.*

Ces derniers ne vont pas sans problèmes : à une phrase comme *Il pleut toujours* peut correspondre par transformation négative : *Il ne pleut jamais,* mais aussi : *Il ne pleut pas toujours.* Ces correspondances sont mal connues des élèves et on ne peut espérer les faire acquérir en une leçon. Nous les retrouverons plus loin, et le maître pourra y revenir à l'occasion d'un texte, d'un dialogue, etc.

2. L'une des caractéristiques du français **oral** contemporain est l'écrasement du *ne.* On entend couramment : *Il est pas v'nu / Il a rien fait / Il sort jamais...* Ce phénomène est le fait de chacun, adultes comme enfants, « intellectuels » — même s'ils n'en ont pas conscience — comme « manuels ». Il serait donc abusif d'y sanctionner une incorrection. Nous considérerons plutôt que le choix entre *Il vient pas* et *Il ne vient pas* se fait selon le niveau de langue adopté : courant dans le premier cas, soutenu dans le second.

L'essentiel est alors que l'enfant, qui produit couramment la première formule, soit aussi capable de produire la seconde quand il le faudra. D'autant que, mimant son écrit sur son oral, il a le plus souvent tendance à **écrire** : *Il vient pas.*

Du même coup on sera attentif, dans cette leçon, à obtenir **oralement** le morphème complet. Mais il serait vain de prétendre le faire systématiquement lors de conversations courantes, d'interventions spontanées, etc.

3. TERMINOLOGIE introduite : *a)* **négation** / **phrase négative;** *b)* **affirmation** / **phrase affirmative.**

L'appellation *b* est devenue nécessaire, car nous avons maintenant non plus une opposition simple, comme en A 2 (*phrase-question / phrase non-question*), mais une suite de trois possibilités.

L'expression *phrase affirmative* est discutable : la négation est encore une affirmation... Nous avons pourtant renoncé à la distinction entre *déclarative positive* et *déclarative négative* par souci de simplicité.

4. Comme précédemment, nous suggérons le recours à une **machine mathématique** pour formaliser la transformation d'une affirmative en négative; soit ici une « machine non » : [n]→.

Pour l'opération inverse, la solution la plus pratique nous semble être le recours à une « machine affirmative » : [a]→.

A. Dialogue dirigé

1. Jeu oral. Trois élèves (A, B, C) sont au tableau; le premier pose une question, les autres répondent. L'un est toujours d'accord, l'autre ne l'est jamais.

A. — Est-ce que tu as un frère?
B. — Oui, j'ai un frère.
C. — Non, je n'ai pas de frère.

A. — Aimes-tu les contes?
B. — Oui, j'aime les contes.
C. — Non, je n'aime pas les contes.

A. — As-tu quelque chose à me raconter?
B. — Oui, j'ai quelque chose à te raconter.
C. — Non, je n'ai rien à te raconter.

A. — Regardes-tu toujours la télévision?
B. — Oui, je regarde toujours la télévision.
C. — Non, je ne regarde jamais la télévision.

A. — Aimes-tu encore le cinéma?
B. — Oui, j'aime encore le cinéma.
C. — Non, je n'aime plus le cinéma...

2. Autres thèmes possibles. Le maître peut lui-même poser les questions de manière à faire naître toutes les équivalences :

Est-ce qu'il fait beau aujourd'hui? → Non, il ne fait pas beau aujourd'hui.

Vas-tu souvent au cinéma? → Non, je ne vais pas souvent au cinéma. / Non, je ne vais jamais au cinéma...

B. Systématisation

1. Poser des questions auxquelles chaque élève, à son tour, devra répondre par *non*. (Ex. — *Connais-tu le* Petit Chaperon rouge? → *Non, je ne connais pas le* Petit Chaperon rouge.)

> Est-ce que tu aimes aller à la campagne? → . . . — Tu vas encore chez tes grands-parents le dimanche? → . . . — Est-ce que le cinéma te plaît encore? → . . . — Es-tu toujours chez toi? → . . . — Peux-tu faire quelque chose? → . . .

2. Donner des phrases affirmatives que les élèves devront transformer en phrases négatives. (Ex. — *Mes parents vont souvent au cinéma le dimanche* → *Mes parents ne vont jamais au cinéma le dimanche.*)

> Il travaille toujours le soir → . . . — Jean a trouvé quelque chose → . . . — Mon frère aime beaucoup les bonbons → . . . — J'ai déjà dîné → . . .

3. Donner des phrases négatives que les élèves devront transformer en phrases affirmatives. (Ex. — *Les soirées ne sont pas calmes à la maison* → *Si, les soirées sont calmes à la maison.*)

> Dans cette pièce, il ne fait jamais chaud l'hiver → . . . — Je ne peux plus lire le journal → . . . — Jean n'a jamais faim → . . . — Je ne te vois pas souvent → . . .

Écrit

A. Travail au tableau

1. Identification de la phrase négative. Transcrire au tableau un des exemples sur lesquels a porté le travail oral :

> Est-ce que tu as des frères?
> Oui, j'ai des frères.
> Non, je n'ai pas de frères.

• Faire rechercher la phrase interrogative; faire donner les autres tournures interrogatives possibles.

• Travail sur les deux autres phrases : elles n'ont pas le même sens. L'une dit le contraire de l'autre.

• Donner le nom de ces phrases :
Oui, j'ai des frères.   PHRASE AFFIRMATIVE
Non, je n'ai pas de frères.   PHRASE NÉGATIVE

• Faire remarquer l'introduction de *ne... pas* dans la phrase négative.

2. Formalisation. (Au tableau.) Introduire la machine [n]→ qui transformera les phrases affirmatives en phrases négatives.

• Ecrire également les autres formes qui ont été employées à l'oral.

J'ai quelque chose à te raconter. [n]→ Je n'ai rien à te raconter. — Je regarde toujours la télévision. [n]→ Je ne regarde jamais la télévision. — J'aime encore le cinéma. [n]→ Je n'aime plus le cinéma.

• Mettre en évidence les oppositions *toujours/ne jamais; quelque chose/ne rien; encore/ne plus.*

B. Exercices collectifs

1. Transformer en phrases négatives.

La maison est tranquille. [n]→ ... — Papa lit son journal. [n]→ ... — Il regarde les enfants. [n]→ ... — Maman me donne quelque chose à manger. [n]→ ...

2. Transformer en phrases négatives et interrogatives.

Grand-mère met ses lunettes pour tricoter.   [n]→ ...
                                               [i]→ ...
Le soir, nous regardons souvent la télévision. [n]→ ...
                                               [i]→ ...

C. Exercices individuels

• Voir **L. E.,** p. 10. _____

A 4 La phrase exclamative

1. Nous approchons ici un dernier type de transformation. Il serait très complexe à décrire dans le détail, car les réalisations exclamatives sont nombreuses et variées.

2. Cette variété même nous avait conduits à hésiter : faut-il aborder la phrase exclamative dès le C. E. 1? Nous nous y sommes décidés parce que ce type d'énoncé est fréquent dans les textes de lecture, et d'ailleurs dans l'expression même de l'enfant.

3. Il est hors de question de vouloir énumérer et classer à ce niveau les différentes formes de l'exclamation. On se contentera :

• de travailler la transformation, en montrant qu'à partir d'une phrase donnée on peut obtenir diverses réalisations;

• de formaliser d'une manière générale la transformation, en l'occurrence par la machine [e]→.

4. Comme précédemment, il est intéressant de bien mettre en œuvre l'intonation exclamative, elle aussi, d'ailleurs, très variée.

5. TERMINOLOGIE introduite : **phrase exclamative.**

Oral

A. Dialogue dirigé

1. Approche de la notion de phrase exclamative. Demander la transformation d'une phrase affirmative en phrase marquant l'étonnement, la surprise, l'émerveillement. (Ex. — *La rue est animée* → *Que la rue est animée! / Comme la rue est animée!*)

• Faire trouver les façons les plus diverses de s'exclamer; réponses possibles :

La rue est animée → Quelle rue animée! / Oh! que la rue est animée! / Comme elle est animée! / Qu'elle est animée! / Elle est animée! / Quelle animation dans la rue!...
Les automobilistes conduisent imprudemment → Que les automobilistes conduisent imprudemment! / Comme les automobilistes conduisent imprudemment!...

- Faire trouver les différences entre les phrases de départ et les phrases données par les élèves.

La rue est animée. / Que la rue est animée!

La seconde phrase est dite avec un air de surprise, d'étonnement... On baisse moins la voix, on s'exclame. C'est une phrase exclamative.

2. Autres thèmes possibles. Le même travail peut être mené avec d'autres phrases. Par exemple :

Tu as beaucoup de jouets. — Les voiles se dessinent nettement sur l'horizon. — La mer mord rageusement les falaises...

B. Systématisation

1. Donner une phrase affirmative et demander toute une série de phrases exclamatives correspondantes.

EXEMPLE. — Les passants marchent à vive allure → Que les passants marchent à vive allure! / Oh! que les passants marchent à vive allure! / Comme les passants marchent à vive allure!...

La rue est sombre → ... — Jean conduit bien → ... — Cet homme colle adroitement les affiches → ... — La foule se presse → ... — Les magasins regorgent de monde → ... — Les vitrines éblouissent les badauds → ...

2. Faire trouver par les élèves des phrases affirmatives qu'ils transformeront en phrases exclamatives.

Écrit

A. Travail au tableau

- Le maître choisit une phrase d'élève et l'écrit au tableau avec les phrases exclamatives qui lui correspondent. Par exemple :

Jean conduit bien sa voiture → Comme Jean conduit bien sa voiture! / Que Jean conduit bien sa voiture! / Oh! que Jean conduit bien sa voiture! / Oh! comme Jean conduit bien sa voiture!

- Solliciter les remarques des élèves. Les phrases se terminent par un nouveau point, le point d'exclamation; ce sont des phrases exclamatives; la première phrase n'est pas une phrase exclamative, c'est une phrase affirmative.

- Mettre en place la machine [e]→.

B. Exercices collectifs

1. Dans le texte suivant, souligner les phrases exclamatives.

C'est la sortie des bureaux. Comme les employés ont hâte de rentrer chez eux! Que les voitures roulent vite! Les piétons ne peuvent plus traverser la chaussée. Nous essayons de nous frayer un chemin. Comme ces encombrements me fatiguent! Arriverons-nous bientôt à la maison?

2. Dans le même texte, indiquer les autres types de phrases.

3. Faire les transformations demandées.

Les trottoirs sont étroits. [e]→ ... — Tu traverses la rue sans peur. [i]→ ... — Comme ce ruisseau serpente joliment dans la vallée! [a]→ ... — Connais-tu une ville sans encombrements? [e]→ ... — Les visiteurs ne reconnaissent plus ce quartier. [a]→ ...

C. Exercices individuels

- Voir **L. E.**, p. 12.

DEUXIÈME PARTIE : LEÇONS A 5 à A 7

Les groupes dans la phrase

Introduction

1. Si l'on considère un énoncé comme *L'enfant regarde,* on peut procéder, pour extraire les grandes unités qui le constituent, à des commutations de ce type :

L'enfant	regarde.
L'enfant étonné	
Le petit enfant	
Il	

L'enfant	regarde.
	regarde sa mère.
	regarde sa mère qui prépare le dîner.

On s'aperçoit ainsi que tous les énoncés obtenus ont pour base un *SN*[1] (*il/l'enfant étonné,* etc.) et un *SV* (*regarde/regarde sa mère,* etc.).

SN et *SV* sont les **constituants immédiats** de toute phrase; on peut, les ayant obtenus, en extraire les constituants immédiats, puis, le cas échéant, les constituants immédiats de ceux-ci, etc.

2. Nous pensons que, avant toute exploration d'ensembles fonctionnels précis (groupe sujet, etc.), il est nécessaire de conduire l'enfant à discerner dans une phrase les grands groupes qui la constituent — sans qu'il s'agisse de leur donner un statut syntaxique précis. Avant de savoir qu'il y a un groupe sujet, par exemple, il faut acquérir l'aptitude à discerner les articulations les plus importantes d'un énoncé. C'est à quoi vise cette deuxième partie.

---

1. *SN* (ou *GN*) = syntagme (ou groupe) nominal; *SV* (ou *GV*) = syntagme (ou groupe) verbal.

3. Il aurait été théoriquement souhaitable d'extraire, comme nous le signalons en **1,** les constituants immédiats d'une phrase donnée selon la règle :

$$P \rightarrow SN + SV.$$

Nous pensons que cette analyse ne peut intervenir dans l'immédiat parce que trop abstraite : nous y conduirons au C. M. Pour l'heure, nous nous en tiendrons à une approche plus linéaire et considérerons que, dans une phrase, le verbe forme à lui seul un groupe. L'analyse revient donc à considérer comme groupes le verbe et les *SN :*

Analyse en constituants immédiats : *Pierre / regarde la télévision.*
Analyse en groupes au C. E. : *Pierre / regarde / la télévision.*

4. Parallèlement à ce travail, il faut habituer l'élève à deux opérations linguistiques fondamentales :

● **la commutation** : dans un énoncé donné, tel groupe peut se substituer à tel autre (dans la phrase *Pierre chante à tue-tête,* « Pierre » peut commuter avec « il », « mon voisin », etc.);

● **la permutation** : dans un énoncé donné, tel groupe a une place fixe ou, au contraire, peut se déplacer (à partir de la phrase *Jean travaille la nuit,* on peut obtenir par permutation : *La nuit, Jean travaille*).

5. Pour le jeune enfant, la phrase écrite est un donné très concret, pour ainsi dire palpable. Il nous semble utile d'en tenir compte et d'utiliser, au début, des procédés pédagogiques classiques : fixation de phrases sur bandelettes, découpages, etc. Ce serait cependant une erreur de s'y tenir longtemps (par exemple au-delà de la leçon 7).

Des éléments de symbolisation interviendront de toute façon pour fixer concrètement la notion de groupe.

6. Cette deuxième partie de la SECTION A comprend les leçons suivantes :

LEÇON A 5. — **La notion de groupe;**
LEÇON A 6. — **Le « groupe jaune » et le « groupe rouge »;**
LEÇON A 7. — **Commutativité et expansion des groupes.**

1. Pour approcher la notion de groupe, il est indispensable de se limiter à des phrases simples, non équivoques, construites à partir d'un lexique familier à l'enfant.

Cette notion sera, de manière implicite, vécue sémantiquement, sans toutefois que le maître recoure, dans la conduite de la leçon, aux critères de sens. Un support efficace peut être trouvé dans la diction de la phrase : les accents d'intensité délimitent en effet le plus souvent des groupes homogènes. (C'est l'objet de la rubrique ORAL, EXERCICES COLLECTIFS, **1.**)

Y recourir suppose que l'on évite, pour cette séance, les pronoms, et notamment les pronoms personnels atones (donc les phrases du type : *J'ai un bateau, Pierre m'a donné une lettre,* etc.).

2. Les exercices de permutation (tel groupe se déplace, tel autre, non) ne sont pas gratuits : ils sont là pour habituer l'élève à apercevoir que, dans une phrase, tous les groupes n'ont pas les mêmes propriétés syntaxiques.

3. Le travail par équipes (ORAL, B) nous paraît capital ; il suscite un véritable effort de recherche, une attitude de découverte.

4. TERMINOLOGIE introduite : **groupe.**

SYMBOLISATION introduite : cadres de couleur neutre (craie blanche au tableau, crayon noir sur le papier, etc.) pour tous les groupes, quels qu'ils soient.

N. B. — Si certains élèves, par référence à la SECTION B, proposent d'inscrire tout de suite le verbe dans un cercle ou un cadre rouge, voire de placer le groupe jaune, il faut évidemment l'accepter.

Oral

A. Sensibilisation

1. Approche de la notion de groupe. Le maître part d'une phrase type. (Ex. — *Au feu rouge, le piéton traverse la chaussée.*) Il la lit en ne respectant pas les pauses normales. (Ex. — *Au / feu rouge / le / piéton traverse la / chaussée.*)
Les enfants remarqueront l'anomalie et pourront corriger.

AUTRES EXEMPLES. — Au / carrefour Christine / bouscule un / passant. — Le jeudi la / foule envahit les / magasins. — Le quatorze / juillet, les / soldats défilent dans / les artères principales.

2. Jeu d'étiquettes. Une phrase est proposée, écrite sur une grande bande de papier. Il s'agira d'abord, par une lecture correcte, de faire découvrir les différents groupes de la phrase et de les découper. Par exemple :

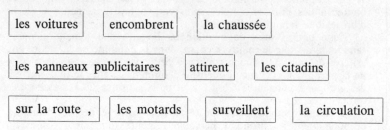

• Puis le maître présentera les groupes obtenus dans un ordre différent, et les enfants devront retrouver l'ordre de la phrase. Par exemple :

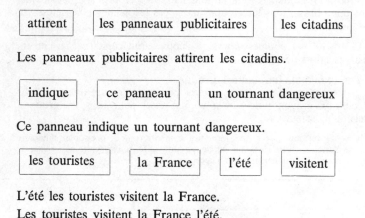

| attirent | les panneaux publicitaires | les citadins |

Les panneaux publicitaires attirent les citadins.

| indique | ce panneau | un tournant dangereux |

Ce panneau indique un tournant dangereux.

| les touristes | la France | l'été | visitent |

L'été les touristes visitent la France.
Les touristes visitent la France l'été.

B. Travail par équipes

• Le maître distribue des phrases polycopiées sur bandelettes. Les enfants, par équipes de trois ou quatre, sont invités à découper ces phrases par groupes et à vérifier si certains groupes peuvent se déplacer.

TYPES DE PHRASES. — De la cohue, une clameur monte. — L'hiver, les cyclistes dérapent sur la chaussée. — De chaque côté de l'avenue poussent de magnifiques platanes. — Au carrefour, l'agent siffle.

C. Travail au tableau

1. Jeu d'étiquettes. Le maître distribue une étiquette à chaque élève d'un groupe de quatre ou cinq.

Christine	bouscule	un passant	au carrefour

Il invite les enfants à se déplacer avec leur étiquette à l'intérieur de la phrase. Il note les combinaisons obtenues. Par exemple :

un passant	au carrefour	Christine	bouscule

Christine bouscule un passant au carrefour.
Au carrefour, Christine bouscule un passant.

Les enfants pourront remarquer que certaines combinaisons ne donnent pas des phrases correctes : certains groupes peuvent se déplacer, d'autres pas.

2. Lecture par les élèves. On pourra faire lire des phrases écrites au tableau en marquant bien les groupes. (Il s'agit moins de faire des pauses que de bien marquer l'accent d'intensité.)

De la cohue / monte / une clameur / — Les vélomoteurs / péta-radent / sur la grand-place / — A huit heures / Sophie / quitte la maison /

Dans ces phrases, quels sont les groupes que l'on peut déplacer?

Écrit

Exercices individuels

• Voir **L. E.**, p. **14.**

A 6   Le « groupe jaune » et le « groupe rouge »

1. Outre la consolidation des acquis de la séance précédente, on cherche ici :

- à mettre en évidence le rôle fondamental que le verbe joue dans une phrase;

- à faire se rejoindre les habitudes de symbolisation[1] prises dans la SECTION B avec celles de la SECTION A.

Il y a donc affinement progressif de la symbolisation :

- le verbe sera désormais toujours cerclé ou encadré de rouge et reconnu comme tel;

- le sujet, non encore reconnu, mais implicitement identifié, sera, s'il est possible dès maintenant, toujours encadré de jaune;

- ne resteront en couleur neutre que les autres groupes.

Nous passons ainsi d'un schéma **a** (leçon 5) à un schéma **b** (leçon 6) :

a. | Maman | possède | un grand panier

b. | Maman | possède | un grand panier

2. TERMINOLOGIE introduite (celle qui a déjà été utilisée dans la SECTION B) : **groupe rouge, verbe; groupe jaune.**

---

1. Pour la correspondance entre les couleurs et la symbolisation retenue ici, voir p. 19.

Oral

Sensibilisation

1. Approche de la notion de verbe. Le maître part d'une phrase type (choisir celle de la semaine précédente) et fait isoler les groupes.

Au carrefour, Christine bouscule un passant.

| Au carrefour, | Christine | bouscule | un passant. |

Le maître relit cette phrase en omettant le verbe.

Au carrefour, / Christine / un passant /

Les enfants remarqueront aisément qu'il manque un élément indispensable à la phrase. On peut recommencer avec d'autres phrases.

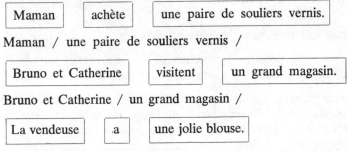

Maman   achète   une paire de souliers vernis.

Maman / une paire de souliers vernis /

Bruno et Catherine   visitent   un grand magasin.

Bruno et Catherine / un grand magasin /

La vendeuse   a   une jolie blouse.

La vendeuse / une jolie blouse /

CONCLUSION. — Ce groupe est indispensable à la phrase. Nous pouvons le conjuguer (donner un exemple). Nous l'avons déjà cerclé de rouge. C'est le verbe.

N. B. — Les trois premières remarques doivent être obtenues des élèves, et non imposées.

2. Jeu d'étiquettes. Le maître présente des séries d'étiquettes :

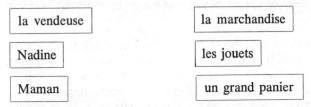

la vendeuse   la marchandise

Nadine   les jouets

Maman   un grand panier

Les enfants viennent à tour de rôle choisir au tableau une étiquette qui complétera la phrase. (Ex. — *Nadine admire les jouets.*)

3. Autre jeu possible. Le maître partage la classe en deux groupes A et B. Le groupe A propose une phrase. Le groupe B isole le verbe, puis fait une phrase avec le verbe qu'il vient d'isoler. Par exemple :

GROUPE A. — L'épicier pèse les oranges.
GROUPE B. — *Pèse* est le verbe.
            Les commerçants pèsent les fruits.

• Ensuite, ce sera au tour du groupe B de proposer une phrase, et au groupe A d'isoler le verbe.

A. Travail au tableau

• On transcrit au tableau les phrases obtenues.

La vendeuse déballe la marchandise. — Ces tissus ont de belles couleurs. — Maman possède un grand panier.

Le maître pourra demander aux élèves de répéter les remarques obtenues plus haut. Il fera cercler de rouge le verbe, et encadrer de jaune les groupes *la vendeuse, ces tissus, maman*.

N. B. — La pratique de la conjugaison a déjà familiarisé les élèves avec ce groupe, que nous continuerons à appeler, pour l'instant, *groupe jaune*.

B. Exercices collectifs

• Le maître écrit quelques phrases au tableau, sans verbes; il invite les enfants à trouver ces verbes. Le meilleur exemple est transcrit au tableau.

Le chef de rayon ... les clients. — Le pharmacien ... les ordonnances. — Les grands magasins ... leurs portes à neuf heures. — Le vendeur aimable ... sa clientèle. — Le rayon des jouets ... beaucoup d'enfants. — Le cordonnier ... sa boutique. — L'étalagiste ... les nouveaux modèles dans la vitrine. — Les articles en réclame ... toujours les badauds. — Papa ... les prix.

• Les enfants viennent cercler les verbes de rouge et encadrer de jaune les sujets.

C. Exercices individuels

• Voir **L. E.**, p. **16.** ⸻⸻⸻⸻⸻⸻⸻⸻

1. Dans cette séance, on invite l'enfant à utiliser le principe de la commutation pour lui faire apercevoir que, dans une phrase quelconque, un groupe peut s'échanger avec d'autres de même fonction :

- Soit que l'échange se fasse au niveau de **l'un des constituants** du groupe :

Le			sapin	
Ce	sapin brille.	Le	soleil	brille.
Un			parquet	

- Soit que l'échange se fasse au niveau de l'**ensemble des constituants** du groupe :

Le sapin	brille.
Une guirlande	

- Soit que l'on développe le nom du *SN* par un qualifiant (*le sapin / le sapin de Noël,* etc.) ou que tout un *SN* soit réduit à un pronom (*le sapin / il*).

2. Nous avons centré les commutations au niveau du « groupe jaune », mais il est bien évident que la même démarche peut être suivie au niveau d'autres *SN* d'un énoncé quelconque :

La bûche de Noël trône	au milieu de la table.
	sur la nappe.
	devant les invités.

N. B. — On sera cependant attentif au fait que la pronominalisation des autres *SN* est beaucoup plus complexe et pose des problèmes que l'on doit éviter pour l'instant d'approcher réflexivement.

3. Lorsque nous proposons des exercices visant à développer un *GN* (*le sapin / le beau sapin illuminé*...), nous entreprenons seulement de mettre en évidence qu'un groupe est plus ou moins vaste ; qu'il est possible, tout en restant à l'intérieur du même cadre, d'ajouter des « mots ». Il s'agit d'une exploration brève de possibilités syntaxiques, **mais non d'exercices d'expression en tant que tels.**

Nous redoutons, pour notre part, ces exercices où, sans plus de précautions, l'enfant est conduit à « enrichir » des groupes pour « faire de plus belles phrases » et à penser que la qualité d'un écrit dépend de la quantité des matériaux employés. Cela aboutit souvent à des énoncés aberrants du type : *Le petit frère gentil de la voisine qui habite auprès de chez nous un appartement au quatrième étage s'appelle Guy.*

N. B. — On pourra en revanche, à propos d'un texte élaboré par un élève, exploiter les procédures linguistiques travaillées ici en montrant que tel groupe aurait avantage à être plus étoffé, tel autre plus réduit ; que tel mot pourrait s'échanger avec tel autre plus précis, etc.

A. Sensibilisation

1. Exercices de commutation. Le maître propose une phrase et fait isoler les groupes.

| Le sapin | illumine | la pièce. |

Puis il demande de changer le groupe jaune et fait procéder à des commutations au niveau de ce groupe.

| Le sapin | illumine la pièce.

| Il |

| Le sapin de Noël |

2. Autres thèmes possibles. On peut recommencer le même travail avec d'autres phrases.

| L'enfant | écarquille les yeux.

| Le petit enfant |

| Pierre |

| Le petit garçon de ma voisine |

| Il |

| La bûche de Noël | trône au milieu de la table.

| Une magnifique bûche en chocolat |

| Elle |

3. Jeu d'étiquettes. Des phrases polycopiées sur des bandes de papier sont distribuées aux enfants. Par exemple :

Nos cousins viennent de Paris. — Philippe accroche le gui. — Le champagne pétille dans les coupes. — Les invités arrivent vers vingt heures. — Mme Simon apporte un bouquet de mimosa. — Elle a le sourire.

On pourra demander :

● d'isoler les groupes et de les découper;

● de former de nouvelles phrases avec les groupes obtenus (*Les invités viennent de Paris. — Nos cousins arrivent vers vingt heures...*).

● de développer le groupe jaune :

| Elle | a le sourire → | La petite fille aux longs cheveux | a le sourire. |

● ou, au contraire, de simplifier ce groupe le plus possible :

| Nos petits cousins | viennent de Paris → | Ils | viennent de Paris[1]. |

B. Travail au tableau

● On transcrit les phrases obtenues au tableau.

| Elle | a le sourire. |

| La petite fille aux longs cheveux | a le sourire. |

| Nos petits cousins | viennent de Paris. |

| Ils | viennent de Paris. |

---

1. On nous objectera à bon droit que nous confondons ici deux opérations très différentes : la **réduction** d'un *SN* par suppression de la qualification du nom (*nos petits cousins → nos cousins*) et la **substitution** d'un pronom à un *SN* (*nos petits cousins → ils*). Il n'est cependant guère possible, **pour le moment,** d'en faire prendre conscience à l'élève : pour lui, il s'agit, dans les deux cas, d'une « simplification ».

On pourra faire remarquer que le groupe jaune peut être plus ou moins important; que *il(s)*, *elle(s)* peuvent former un groupe jaune à eux seuls. On fera établir des correspondances du type :

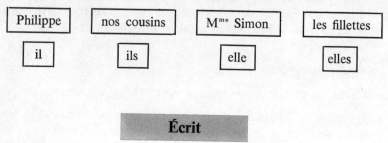

Écrit

A. Exercices collectifs

• Le maître écrit au tableau des phrases dans lesquelles il n'y a pas de groupe jaune; il invite les enfants à compléter ces phrases avec les groupes les plus divers possibles.

⬜ éclairent la vitrine et les jouets.

⬜ se presse devant la vitrine.

⬜ écrasent leur nez sur la glace.

⬜ adore les emballages de Noël.

⬜ arrive avec un grand paquet.

⬜ sautent de joie devant cette féerie.

⬜ arrache les ficelles et déplie les papiers.

B. Exercices individuels

• Voir **L. E.**, p. 18.

TROISIÈME PARTIE : LEÇONS A 8 à A 11

La relation sujet-verbe

Introduction

1. Cette troisième partie de la SECTION A comprend :

LEÇON A 8. — **Mise en évidence de la relation sujet-verbe;**
LEÇON A 9. — **Un sujet formé de plusieurs GN;**
LEÇON A 10. — **Un même sujet pour plusieurs verbes;**
LEÇON A 11. — **Inversion du sujet et du verbe.**

2. La notion de groupe étant installée (SECTION A) et la relation « jaune-rouge » ayant déjà été intensivement pratiquée (SECTION B), il est possible maintenant de mettre en évidence, réflexivement, la relation sujet-verbe.

3. Cette relation, fondamentale dans toute phrase, mérite une large place au C. E. 1. Nous pensons qu'elle peut y être acquise définitivement.

Son importance ne tient pas seulement aux impératifs morpho-syntaxiques (problèmes d'accords) : il nous semble que la mise en place de cette relation doit donner à l'enfant les premiers éléments de la cohérence grammaticale de la phrase, le préparant ainsi à des énoncés plus pertinents par leur construction. (On constate, bien souvent, que l'élève, à l'école élémentaire particulièrement, structure mal ses écrits, n'y distinguant pas les articulations nécessaires.)

4. Le sujet grammatical d'une phrase « contraint » le verbe en nombre et en personne. C'est de cette propriété formelle que nous partirons pour mettre en évidence la spécificité du « groupe jaune » : le « groupe jaune » commande le verbe.

5. L'ordre des leçons est purement pédagogique. Il s'agit toujours d'approcher la même réalité syntaxique, mais dans des énoncés où elle est, pour l'enfant, plus ou moins facile à apercevoir.

A 8   Mise en évidence de la relation sujet-verbe

1. Outre la mise en évidence, d'une manière générale, de la relation sujet-verbe, cette leçon rend compte de deux difficultés particulières :

a) Le « groupe jaune » comporte un nombre plus ou moins grand d'unités. (Voir la rubrique ORAL, B : les jeux qui consistent à « allonger » ou à « raccourcir » le « groupe jaune » doivent être pris pour ce qu'ils sont, non des exercices d'expression, mais *de simples manipulations formelles* destinées à habituer l'enfant à ne pas coupler la notion de groupe avec celle de « nombre de mots ».)

N. B. — Nous préparons en outre, ici, la mise en évidence des constituants fondamentaux du *GN ;* en effet, *D* et *N* restent dans le « groupe jaune » des éléments irréductibles (cf. *le petit garçon de la voisine / le garçon de la voisine / le garçon,* mais non : *le* ou *garçon*).

b) Le « groupe jaune » n'ouvre pas toujours la phrase. (Voir la rubrique ORAL, B 4.)

2. TERMINOLOGIE introduite : néant (nous en restons — jusqu'au C. M. — à « groupe jaune »).

SYMBOLISATION introduite : néant (la même que précédemment).

Oral

A. Sensibilisation

1. Exercices de commutation. Deux phrases sont écrites au tableau. On isole les groupes, puis les enfants sont invités à opérer des commutations au niveau du groupe jaune.

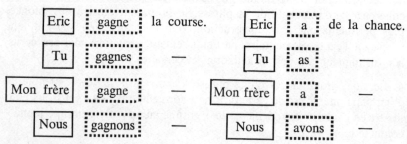

Les enfants pourront remarquer : *a)* que le verbe ne s'écrit pas toujours de la même façon; *b)* que les différences ne sont pas toujours sensibles à l'oral.

Le maître les amènera à trouver que c'est le groupe jaune qui commande les variations du verbe.

2. Autres thèmes possibles. Reprendre la démarche précédente avec d'autres phrases.

Papa apporte une surprise. — Sophie a un gros gâteau. — Il observe les mimiques du bébé.

● Faire entourer le groupe jaune qui commande le verbe.

Tu déposes tes achats sur la table. — On oublie la bêtise de Pierre. — Nous aimons nos parents.

● Demander aux élèves de faire l'ensemble des groupes jaunes qu'ils viennent de trouver, et de se servir de ces groupes pour faire d'autres phrases.

B. Manipulations

1. Commutations. Deux phrases sont écrites au tableau. On isole les groupes, puis les enfants sont invités à opérer des commutations au niveau du groupe jaune.

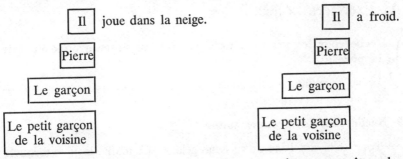

Les enfants pourront remarquer que le groupe jaune peut être plus ou moins long.

2. Extension du groupe jaune.

● Amusons-nous à allonger les groupes jaunes. (Ex. — *Le chien ronge un os* → *Le chien noir / Le petit chien noir...*)

Le client achète un costume neuf → . . . — La fermière a un grand panier → . . .

- Amusons-nous à raccourcir les groupes jaunes.

La porte de l'armoire grince → . . . — Le sapin centenaire du parc a été abattu par la foudre → . . . — La vieille voiture de papa est en panne → . . .

3. Recherche de groupes jaunes dans un texte lu par le maître. Par exemple :

Une épaisse couche de neige recouvre les rues. Les piétons maladroits marchent lentement. Ils rentrent chez eux. L'aigre bise de décembre glace les joues des enfants.

4. Place du groupe jaune. Une phrase de départ est écrite au tableau, et on isole les groupes.

| Par ce mauvais temps, | Pierre | joue | dans sa chambre. |

Les enfants pourront remarquer que le groupe jaune n'est pas toujours en tête de phrase.

Écrit

A. Exercices collectifs

1. Rechercher les groupes, puis ajouter un autre groupe en tête de la phrase.

Le vent souffle dans les allées. — Pierre enfile un gros manteau. — Il part pour l'école.

2. Rechercher les groupes jaunes.

Tous les hivers, l'eau du ruisseau gèle. — Ce matin, le givre recouvre les carreaux. — Dans le grenier, une porte claque.

3. Remplacer les groupes jaunes de l'exercice précédent par d'autres groupes jaunes.

B. Exercices individuels

- Voir **L. E.**, p. **20.**

1. Travail d'énoncés où le « groupe jaune » est constitué de plusieurs *GN*. Il y a lieu ici :

a) De mettre en relation ces types de « groupes jaunes » et les pronoms personnels qui peuvent les remplacer (voir aussi B 6 et B 7);

b) De montrer que l'on peut passer d'énoncés séparés comme : *Le canard barbote / La cane barbote,* à d'autres plus synthétiques : *le canard et la cane barbotent;* et, plus finement, de : *Catherine et Sophie sont mes deux sœurs. Elles jouent toujours ensemble* à : *Mes deux sœurs Catherine et Sophie jouent toujours ensemble.*

c) De mettre en parallèle des collectifs comme : *des animaux, tous nos invités,* etc., et des *GN* qui les particularisent : *le lion, le tigre et la panthère; Pierre, Marie et tante Adèle,* etc.

N. B. — **b** et **c** peuvent être considérés comme allant vers la recherche d'une expression élaborée. Il est sans doute possible, par exemple, d'arriver en **c** à des énoncés de ce type : *Pierre, Marie et tante Adèle, tous nos invités, arrivent pour le réveillon.*

2. On a ici l'occasion d'aborder l'emploi de la virgule (ÉCRIT, EXERCICES COLLECTIFS, 2). On conduira l'enfant à l'inscrire dans des phrases données, mais aussi, parallèlement, à repérer à l'oral la légère pause à laquelle elle correspond, à lire des énoncés qui en contiennent.

N. B. — Le travail de la ponctuation n'est évidemment pas limité aux séances de grammaire. On y reviendra pendant les exercices de lecture, l'élaboration d'un petit texte, etc.

3. TERMINOLOGIE introduite : néant. (Le terme « virgule » doit déjà être acquis à ce niveau.)

Oral

A. Travail au tableau

1. Exercices de commutation. La phrase de départ est écrite au tableau. On isole les groupes.

| Catherine et son frère | aiment | les jolies histoires. |

Les enfants devront chercher par quoi ils peuvent remplacer le groupe jaune (par *ils*), puis chacun de ses constituants : *Catherine* pourrait être remplacée par *elle*. (*Elle aime les jolies histoires*.) — *Son frère* pourrait être remplacé par *il*. (*Il aime les jolies histoires*.)

On rappellera alors la loi : *il* + *elle* = *ils*.

2. Autres thèmes possibles. Même démarche avec une autre phrase.

| Les contes et les histoires | enchantent | les enfants. |

• Faire rechercher les groupes dans une phrase et les commutations possibles au niveau du groupe jaune. Par exemple :

| Ils | habitent | dans notre jardin. |

| De petits animaux | — | — |

| Le pinson et la fauvette | — | — |

B. Exercices collectifs

1. Recherche d'énoncés synthétiques. Demander aux enfants de chercher des énoncés plus courts pour dire la même chose. (Ex. — *Le canard barbote dans la mare. La cane barbote dans la mare* → *Le canard et la cane barbotent dans la mare*.)

Dick court dans le jardin. Rex court dans le jardin → . . . — Un merle picore sur la pelouse. Une fauvette picore sur la pelouse → . . . — Catherine a un rhume. Paul a un rhume. → . . .

2. Même exercice, mais plus complexe. (Ex. — *Pierre et Eric sont mes camarades. Ils iront aux sports d'hiver* → *Mes camarades, Pierre et Eric, iront aux sports d'hiver*.)

Titi et Loulou sont les caniches de mon oncle. Ils sont blancs → . . .
Minet et Zorro sont mes deux chats. Ils se battent souvent → . . .
Catherine et Sophie sont mes deux sœurs. Elles jouent toujours ensemble → . . .

A. Exercices collectifs

1. Chercher les groupes; changer le groupe jaune.

Des élèves écoutent la leçon. — Nathalie, Catherine et Sophie écoutent la leçon. — Les animaux rôdent dans la cour de la ferme. — Tous les invités arrivent pour le réveillon. — Des oiseaux chantent dans les arbres.

2. Mettre les virgules nécessaires.

Paul mon frère et ma sœur Nadine décorent le sapin de Noël. — Des guirlandes des bougies des étoiles et des boules multicolores pendent aux branches.

B. Exercices individuels

● Voir **L. E.**, p. 24.

A 10   Un même sujet pour plusieurs verbes

---

1. Ces exercices doivent permettre à l'élève d'approcher correctement un énoncé où un sujet gouverne plusieurs verbes. Nous visons en fait, outre la maîtrise des accords du verbe, à faire produire à l'enfant des énoncés de synthèse auxquels, à cet âge, il ne recourt pas spontanément (d'où le temps de systématisation au départ de la leçon).

2. TERMINOLOGIE introduite : néant.

Oral

A. Systématisation

• **Recherche d'énoncés synthétiques.** (Ex. — *L'oiseau se pose. L'oiseau repart.* → *L'oiseau se pose et repart.*)

Jean sort. Jean court à toutes jambes → . . . — Martine ouvre son livre. Martine regarde les images → . . . — Maman ouvre la porte. Maman appelle mon frère. Maman lui donne un gâteau → . . . — Sophie débarrasse la table. Sophie fait la vaisselle. Sophie range la cuisine. → . . .

B. Travail au tableau

• **Même démarche que précédemment.** On part d'un texte travaillé oralement et on demande aux élèves d'y rechercher les groupes.

Sophie débarrasse la table. Sophie fait la vaisselle. Sophie range la cuisine.

On peut solliciter les remarques des élèves et arriver à la forme trouvée oralement, à propos de laquelle les élèves remarqueront facilement qu'il y a plusieurs verbes pour un seul groupe jaune.

| Sophie | débarrasse | . . ., | fait | . . ., | range | . . . |

Écrit

A. Exercices collectifs

1. Chercher les groupes.

Le petit écureuil saute à terre. Le petit écureuil ramasse la noisette.
Le petit écureuil remonte dans l'arbre.

Le lapin blanc saute dans l'herbe. Le lapin blanc s'arrête un instant.
Le lapin blanc repart brusquement.

Mon petit frère s'étire. Mon petit frère se frotte les yeux. Mon petit
frère s'éveille complètement.

**2. Refaire les phrases de l'exercice précédent en supprimant les
groupes jaunes inutiles.**

B. Exercices individuels

● Voir **L. E.**, p. 24.

1. L'identification du sujet inversé est traditionnellement considérée comme difficile. Nous pensons que l'approche formelle des phénomènes syntaxiques la rend possible dès ce niveau.

2. Cette identification ne nous paraît utile, au C. E. 1, que dans les énoncés interrogatifs.

3. Il est important de toujours considérer une phrase interrogative comme dérivée, par transformation, d'une phrase de base affirmative — c'est-à-dire d'habituer l'enfant à passer spontanément de l'une à l'autre.

4. TERMINOLOGIE introduite : néant.

Oral

Systématisation

1. Rappel de la transformation interrogative. Faire transformer des phrases déclaratives en phrases questions. (Ex. — *Tu vas à la piscine ce soir.* [i]→ *Vas-tu à la piscine ce soir? / Est-ce que tu vas à la piscine ce soir? / Tu vas à la piscine ce soir?*)

Tes parents t'emmènent au cirque demain → ... — Mon père achète le journal chaque matin → ...

2. Pratique de l'inversion du sujet. Le maître propose des phrases affirmatives et demande la transformation en phrases interrogatives, mais n'accepte que la forme qui demande l'inversion du groupe jaune. (Ex. — *Il admire les acrobates → Admire-t-il les acrobates?*)

Vous écoutez la radio → ... — Elle rentre tard du cinéma → ... Nous écouterons la radio → ... — Tu dessines bien → ... — Elle a une épreuve de natation aujourd'hui → ...

Écrit

A. Travail au tableau

On transcrit au tableau des exemples qui ont été travaillés à l'oral.

- PREMIER EXEMPLE.

Tu dessines bien. [i]→ Dessines-tu bien?

On entoure le verbe et le groupe jaune dans les deux phrases. Les élèves pourront remarquer : qu'il y a une inversion du groupe jaune et du verbe; qu'il y a un trait d'union entre ces deux groupes.

● SECOND EXEMPLE.

Il admire les acrobates. [i]→ Admire-t-il les acrobates?

On entoure le verbe et le groupe jaune. Les élèves pourront remarquer : a) que le groupe jaune se trouve après le verbe dans la phrase interrogative; b) qu'un t a été ajouté entre ces deux groupes; c) qu'il est relié à ces groupes par deux traits d'union.

B. Exercices collectifs

1. Faire fonctionner les machines.

Tu sors le dimanche. [i]→ . . . Vous écoutez les commentaires sportifs à la radio. [i]→ . . . Elle va à la cantine. [i]→ . . . Vous avez votre tenue de gymnastique. [i]→ . . .

2. Rechercher les groupes jaunes et les groupes rouges.

Écoutes-tu souvent la musique? — Nous allons au cinéma ce soir. — Préfères-tu un livre d'aventures ou un livre de contes ? — Nages-tu aussi vite que lui? — Aimez-vous les fruits? Oui, je les aime bien.

3. Compléter et faire passer la phrase obtenue dans la machine.

Tu [   ] un chien (*avoir*). [i]→ . . .

Nous [   ] en récréation (*aller*). [i]→ . . .

Vous [   ] bien (*nager*). [i]→ . . .

Ils [   ] au théâtre (*aller*). [i]→ . . .

C. Exercices individuels

● Voir **L. E.**, p. 26. _____

QUATRIÈME PARTIE : LEÇONS A 12 à A 14

Les constituants du groupe nominal (GN)

Introduction

1. Cette quatrième partie comprend :
LEÇON A 12. — **Le déterminant et le nom;**
LEÇON A 13. — **L'adjectif;**
LEÇON A 14. — **Nom propre et nom commun.**

2. La notion de groupe est acquise, le « groupe jaune » identifié. Il est maintenant opportun d'aller à la découverte du groupe nominal et de ses constituants. Nous nous en tenons, au départ, aux constituants du « groupe jaune », mais il est évident que les résultats acquis valent pour n'importe quel groupe nominal.

3. Considérons ces commutations :

$$\left.\begin{array}{c} \text{Le chat} \\ \text{Minet} \\ \text{Il} \end{array}\right| \text{miaule.}$$

Elles mettent en évidence la règle de réécriture :

$$SN \rightarrow \left\{ \begin{array}{l} \text{Déterminant + nom} \\ \text{Nom propre} \\ \text{Pronom} \end{array} \right.$$

Nous abordons dans cette partie les deux premiers types de *SN :*

$$SN \rightarrow D + N \quad \text{et} \quad SN \rightarrow N\,Pr$$

4. Examinons ces autres commutations :

$$\left.\begin{array}{lll} \text{Le chat} & \text{noir} \\ \text{Le chat} & \emptyset \\ *\ \text{Le} & \emptyset & \text{noir} \\ *\ \emptyset & \text{chat} & \text{noir} \end{array}\right| \text{miaule.}$$

> $\emptyset$ note un
> « ensemble vide »
> * « séquence
> agrammaticale ».

Elles montrent que :

- *D* et *N* sont les constituants fondamentaux et indissolublement liés du *SN;*

- l'adjectif est, au contraire, un constituant syntaxiquement accessoire.

N. B. — La phrase *Le noir miaule* est bien grammaticale : on voit alors que *N* est représenté par *noir*. Il est facile de montrer que cette nouvelle séquence ne peut être obtenue à partir de la première (il faudrait supposer que *chat* puisse être adjectif). Mais dans d'autres, la situation est plus complexe (cf. *Le savant aveugle passe le long du trottoir*).

Encore que certains critères formels — inexploitables au C. E. 1 — permettent de mieux circonscrire l'opposition *nom/adjectif*, il apparaît que la distinction des deux n'est pas des plus aisées. Il semble indispensable de s'en remettre, au moins implicitement, à un critère sémantique : dans un *GN*, *N* est le terme fondamental du discours prononcé (c'est pourquoi les énoncés : *le chat noir / le chat roux / le chat de la voisine... miaule* sont apparentés, ce qui n'est pas le cas de : *le chat / le noir... miaule*).

5. Notre approche de *SN* → *D* + *N* sera donc la suivante :

a) *D* + *N* est une relation syntaxique fondamentale; ces deux constituants sont liés l'un à l'autre;

b) L'ensemble de *D* forme une classe fermée (aux éléments peu nombreux et stables), contrairement à celui de *N;*

c) Si un seul élément accompagne *D,* c'est un *N* (*le chien, la table, le noir, le rouge*); nous renonçons ainsi à distinguer le *nom* de l'*adjectif employé comme nom.*

d) L'adjectif n'est pas indispensable au *GN;* il peut, selon les cas, être devant ou derrière *N;* on peut, à partir d'un *GN avec Adj,* construire un énoncé à verbe *être* :

Le poisson rouge nage dans le bocal.
{ Le poisson est rouge.
{ Il nage dans le bocal.

6. Tous ces critères seront exploités, ce qui revient à dire que l'enfant devra tous les apercevoir clairement.

7. Il nous a paru indispensable de consacrer une séance à la distinction *nom propre/nom commun,* ces deux unités n'ayant pas la même syntaxe.

1. Dans la rubrique ORAL, TRAVAIL AU TABLEAU, **2,** les « compléments de nom » (*GN prépositionnels*) sont écartés par souci de simplicité.

2. TERMINOLOGIE introduite : **déterminant[1], nom, groupe du nom** ou **groupe nominal.**

N. B. — L'emploi de *déterminant* nous paraît indispensable. Il désigne un para-digme homogène, là où la grammaire traditionnelle éparpille les catégories. On pourra, plus tard (au C. M. et au-delà), y ordonner des sous-ensembles.

L'emploi de *déterminant* permet de s'en tenir à *adjectif* pour désigner l'adjec-tif qualificatif (voir A 13).

3. SYMBOLISATION introduite : **D** (*déterminant*) et **N** (*nom*), que l'on pourra inscrire de cette manière :

Le chat noir guette la mésange.
D N

4. Nous rappelons que « faire de la grammaire », ce n'est pas « apprendre des leçons » ; cette séance, comme les autres, ne doit en aucun cas revenir à élaborer des résumés et des définitions à apprendre, mais à faire découvrir activement la relation *D-N,* les statuts de *D* et de *N.*

---

1. Si l'on supprime *le* dans le *SN* sujet de la phrase *Le café m'empêche de dormir*, on obtient une phrase agrammaticale. On conviendra d'appeler *déter-minant* tout terme qui permet à un nom de former un *GN* sujet, c'est-à-dire *le* et tous les morphèmes qui commutent avec lui (*les, la, ce, ces, des, plu-sieurs,* etc.).

Oral

A. Travail au tableau

1. Recherche des groupes. La phrase de départ est écrite au tableau ; on isole les groupes.

| Le chat noir | guette | la mésange. |

2. Travail au niveau du groupe jaune. Des commutations successives permettront aux enfants de déterminer, dans une première approche, l'importance de chaque constituant.

● Commutations au niveau du mot *noir* (*noir* / *blanc* / *roux* / *tacheté* / *tigré* / *rayé*...). On n'accepte que les adjectifs, on refuse les compléments de nom.

De la question : « Le groupe jaune peut-il exister sans le mot *noir?* », on tirera la conclusion : « *Noir* n'est pas un mot indispensable au groupe. »

● Commutations au niveau de *le* (*le* / *ce* / *mon* / *ton* / *un* / *leur*...; *tes* / *mes*... seulement à l'oral, puisqu'ils entraînent une modification à l'écrit).

> QUESTIONS. — Le groupe jaune peut-il exister sans *le?* → *le* est indispensable au groupe.
> — Peut-on changer la place de *le* dans le groupe? → *le* se trouve toujours avant le mot *chat*.

● Commutations au niveau de *chat* (*chat* / *chien* / *renard* / *loup* / *vautour* / *aigle* / *homme*...).

Le nombre de commutations est ici très grand, alors que le nombre de commutations au niveau de *le* est, lui, limité. *Chatte, chienne, belette*... ne conviennent que si l'on change *le* en *la*.

> QUESTIONS. — Le groupe jaune peut-il exister sans *chat?* → *Chat* est indispensable au groupe.
> — Le mot *chat* peut-il exister sans *le?* → *Chat* est toujours accompagné d'un petit mot qui le précède.
> — La phrase a-t-elle toujours le même sens lorsque l'on change le mot *chat?* → Les « personnages » changent.

On parviendra ainsi aux conclusions suivantes :

a) Le mot *chat* est le mot le plus important du groupe; c'est un nom, ainsi que tous les mots qui peuvent commuter avec lui;

b) Le mot *chat* est toujours précédé d'un petit mot; ce petit mot est un déterminant, ainsi que tous les mots qui peuvent commuter avec lui;

c) Le groupe nominal se réécrit : *Déterminant + Nom,* ce que l'on écrira : *GN → D + N.*

3. Autres thèmes possibles. On reprendra la même démarche avec d'autres phrases. Par exemple :

> La vieille voiture est en panne. — Mes petits cousins jouent au ballon...

B. Exercices collectifs

• Reprendre les commutations dans un groupe jaune et faire former l'ensemble *D* des déterminants et l'ensemble *N* des noms.

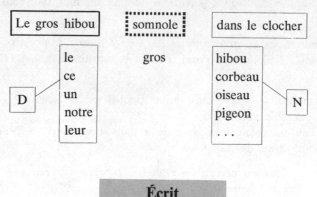

| Le gros hibou | somnole | dans le clocher |

D : le, ce, un, notre, leur — gros

N : hibou, corbeau, oiseau, pigeon, ...

Écrit

A. Exercices collectifs

1. Rechercher les déterminants et les noms après avoir isolé les groupes.

Le vélo rouge a une belle sonnette. — Ces livres appartiennent à mon frère. — Ma chienne lèche un gros os. — L'eau recouvre le sentier.

2. Relier les déterminants et les noms qui vont ensemble.

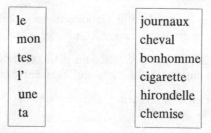

le	journaux
mon	cheval
tes	bonhomme
l'	cigarette
une	hirondelle
ta	chemise

B. Exercices individuels

• Voir **L. E.**, p. 28.

1. On peut, en théorie, supposer qu'une phrase telle que *Le petit poisson nage dans le bocal* est la dérivée de deux phrases de base : *Le poisson est petit / Le poisson nage dans le bocal;* ce qui revient à dire que l'adjectif n'est pas directement constituant de *SN*.

2. L'exploitation de ce présupposé est à ce niveau doublement intéressante :

● elle prépare l'approche des énoncés attributifs (voir B 19);

● elle permet des exercices conduisant l'élève à passer des énoncés fragmentaires qu'il utilise habituellement à cet âge (*Le lion est féroce / Il tourne dans sa cage*) à une expression plus synthétique et élaborée (*Le lion féroce tourne dans sa cage*).

3. TERMINOLOGIE introduite : **adjectif.**

4. SYMBOLISATION introduite : **Adj,** que l'on pourra inscrire ainsi :

Le lion furieux tourne dans sa cage.
| | |
D   N   Adj

Oral

A. Systématisation

● **Exercice structural.** Partir de deux phrases pour arriver à une seule. (Ex. — *Le poisson est rouge. Il nage dans le bocal rond → Le poisson rouge nage dans le bocal rond.*)

Le poisson est petit. Il tourne dans le bocal → . . . — L'oiseau est minuscule. Il pique vers la terre → . . . — L'aigle est majestueux. Il plane dans le ciel → . . . — Le lion est féroce. Il tourne dans sa cage → . . . — L'ours est gros et gourmand. Il lape le miel → . . . — Le singe est vieux. Il fait des grimaces → . . .

B. Travail au tableau

1. Recherche des groupes dans des phrases travaillées oralement.

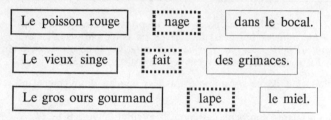

Le poisson rouge	nage	dans le bocal.
Le vieux singe	fait	des grimaces.
Le gros ours gourmand	lape	le miel.

2. Travail au niveau du groupe jaune. Rechercher les déterminants et les noms dans chacun de ces groupes.

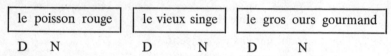

| le poisson rouge | le vieux singe | le gros ours gourmand |
| D   N | D   N | D   N |

• Dans les groupes, on essaie de supprimer certains mots; on obtient :

| le poisson | le singe | l'ours |

Les mots supprimés ne sont donc pas indispensables au groupe.

• Est-ce que le mot ajouté au groupe nominal a toujours la même place ? Il peut être devant ou derrière le nom : *le vieux singe, le poisson rouge.* On peut en trouver plusieurs : *le gros ours gourmand.*

• Comparer les groupes :

le poisson / le poisson rouge — le singe / le vieux singe — l'ours / le gros ours gourmand.

Demander aux élèves quels sont ceux qui leur paraissent les plus précis, pour leur faire découvrir que les mots ajoutés aux groupes nominaux donnent des informations supplémentaires sur le nom.

• Faire faire des commutations au niveau de l'adjectif dans les groupes.

le poisson	rouge	le vieux	singe	le gros	ours	gourmand
	jaune		petit		petit	blanc
	doré		gros		bel	brun
	multicolore		grand		vilain	polaire
	etc.		etc.		etc.	etc.

- On parviendra ainsi aux conclusions suivantes :

Ces mots { que l'on peut ajouter au groupe nominal / qui ne sont pas indispensables / qui nous donnent plus d'informations sur le nom } { sont des adjectifs, que l'on notera *Adj*.

- Reprendre, dans les phrases de départ, la symbolisation.

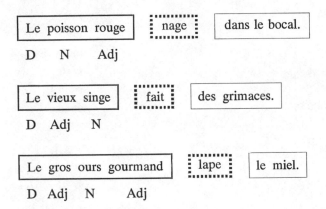

| Le poisson rouge | nage | dans le bocal. |

D   N   Adj

| Le vieux singe | fait | des grimaces. |

D   Adj   N

| Le gros ours gourmand | lape | le miel. |

D   Adj   N   Adj

3. Travail au niveau des autres groupes. Faire rechercher dans ces groupes les éléments déjà connus.

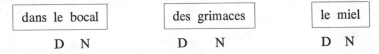

| dans le bocal | | des grimaces | | le miel |

   D   N   D   N   D   N

Les enfants doivent arriver à la conclusion que ce sont aussi des groupes nominaux. Rechercher alors si on peut apporter plus de renseignements sur le nom inclus dans ces *GN*.

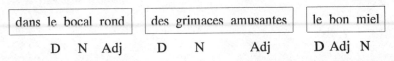

| dans le bocal rond | | des grimaces amusantes | | le bon miel |

  D   N   Adj   D   N   Adj   D Adj N

- On pourra reprendre la démarche du début de la leçon pour montrer les caractéristiques des adjectifs. On fera procéder, en particulier, à des commutations.

A. Exercices collectifs

1. Relier.

la chatte	mince
la mer	noire
le bocal	mauvaise
le tapis	verte
une fille	rond
une feuille	épais

D + N   Adj

2. Relier.

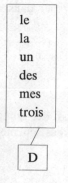 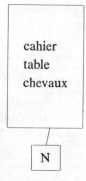 

le		cahier		bleu
la		table		blanche
un		chevaux		fougueux
des				
mes				
trois				

D   N   Adj

B. Exercices individuels

- Voir **L. E.**, p. 30.

72

1. Nous avons présenté *N* comme élément entrant dans la relation *D + N;* il est du même coup nécessaire que nous mettions en évidence des noms qui ont pour particularité :

- soit d'entrer seuls dans le *GN : Pierre, Mozart,* etc.;

- soit d'y prendre un *D*, mais au niveau duquel les commutations sont quasi impossibles[1] :

$$
\left\{ \begin{array}{l} \text{le chat(s) miaule(nt)} \\ \text{ce} \quad\text{—} \qquad \text{—} \\ \text{un} \quad\text{—} \qquad \text{—} \\ \text{quelques} \quad\text{—} \qquad \text{—} \end{array} \right\} \text{s'oppose à} \left\{ \begin{array}{l} \text{la Seine coule} \\ \text{* cette} \quad\text{—} \quad \text{—} \\ \text{* une} \quad\text{—} \quad \text{—} \\ \text{* quelques} \quad\text{—} \quad \text{—} \end{array} \right\}
$$

Telle se présente, syntaxiquement, l'opposition nom propre / nom commun.

2. Sémantiquement, le nom commun désigne une classe d'individus, d'objets, de concepts, etc.; le nom propre réfère au contraire à un individu, un objet unique (*Mozart, l'Irak*), ou à une famille individualisée comme telle (*Durand,* etc.).

Un nom comme *Irène* est bien, à ce titre, un nom propre : sans doute est-il communément porté, mais, dans une situation de communication particulière, il individualise obligatoirement la personne à laquelle il réfère (*Irène a les yeux bleus*), les cas d'ambiguïté contextuelle (il y a peut-être plusieurs Irène dans la classe...) étant levés, par exemple, par un nom propre complémentaire (*Irène Vial a les yeux bleus*).

N. B. — Un jeu amusant et efficace peut être, d'ailleurs, de procéder à la répartition des élèves de la classe par leurs prénoms, puis par leurs noms.

3. TERMINOLOGIE introduite : **nom commun, nom propre.**

4. SYMBOLISATION introduite : *N pr* (lorsqu'on parlera simplement de nom [*N*], on conviendra qu'il s'agira d'un nom commun).

---

1. Le *quasi* montre assez que nous simplifions volontairement les problèmes, comme il se doit à l'école élémentaire.

A. Dialogue dirigé

1. Exercice de commutation. Le maître part d'une phrase sans déterminant écrite au tableau, par exemple : *Fille cueille des coquelicots.*

• Les enfants remarquent l'anomalie : le groupe jaune est incomplet. On recherche tout ce que l'on pourrait mettre devant *fille : la, une, cette, ma...*

> QUESTIONS. — Dans la phrase *La fille cueille des coquelicots,* sait-on de quelle fille il s'agit? → Ce peut être n'importe quelle fille.
> — Dans une phrase comme *Régine cueille des coquelicots,* sait-on de qui il s'agit? → Oui, Régine est une fille de la classe.

On pourra alors tirer les conclusions suivantes :

• *Régine* est un nom qui peut fonctionner seul. On sait précisément de qui il s'agit. C'est le nom propre à une fille que nous connaissons. C'est un nom propre.

• *Fille* est un nom qui ne peut fonctionner seul. Il désigne n'importe quelle fille. Il est commun à toutes les filles que nous connaissons. C'est un nom commun. Il faut le préciser par un déterminant.

2. Exercice de substitution. Par commutation, faire trouver d'autres noms propres que l'on pourrait substituer à *Régine,* d'autres noms communs que l'on pourrait substituer à *fille.*

3. Jeu. Le maître donne des noms communs de fleurs et les enfants recherchent dans les noms de villes écrits au tableau le nom de la « capitale » de chaque fleur.

Le mimosa	→ Grasse	L'edelweiss	→	Chamonix
L'œillet	→ Nice	La violette	→	Toulouse
La tulipe	→ Rotterdam	La rose	→	Corfou

4. Autre jeu. Le maître donne des noms propres et les enfants cherchent un nom commun qui pourrait être associé à chacun de ces noms propres.

Lille	→ une ville	L'Adriatique	→ une mer
La France	→ un pays	Mozart	→ un musicien
La Seine	→ un fleuve	Renoir	→ un peintre
Le Havre	→ un port	Evelyne	→ une fille

B. Travail au tableau

1. Formation d'ensembles. On fait l'ensemble des noms communs, l'ensemble des noms propres. On remarque l'orthographe : tous les noms propres commencent par une majuscule.

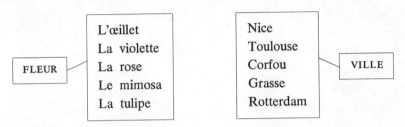

- On recherche une étiquette pour chaque ensemble :

— *Fleur* est le nom commun à tous les éléments du premier ensemble;

— *Ville* est le nom commun à tous les éléments du second ensemble.

2. Commutations au niveau du déterminant.

Ce pays a pour capitale Paris.
La France a pour capitale Paris.

Devant certains noms propres on retrouve un déterminant, mais si des commutations sont possibles au niveau de *ce* dans *ce pays,* elles ne sont pas possibles au niveau de *la* dans *la France.* On peut donc dire que, dans ce cas, le déterminant **fait partie** du nom propre.

- Dans les exercices faits précédemment, on pourra rechercher les noms propres qui sont précédés d'un déterminant.

- RÉCAPITULATION. — De quoi peut être formé le groupe du nom?

$$\text{GN} \rightarrow \begin{cases} \text{D} + \text{N} \ (+ \text{Adj.}) & \rightarrow \quad \text{la rose (rouge)} \\ \text{N pr} & \begin{cases} \rightarrow \quad \text{Nice} \\ \rightarrow \quad \text{La France} \end{cases} \end{cases}$$

A. Exercices collectifs

1. Mettre une étiquette convenable aux ensembles des noms communs.

chêne	jasmin	blé
marronnier	jonquille	orge
érable	anémone	avoine
sapin	muguet	maïs
pommier	lis	seigle

2. Mettre une étiquette convenable aux ensembles des noms propres.

la Seine	Paris	Pluto
la Garonne	Rome	Mickey
la Loire	Londres	Dingo
la Durance	New York	Rintintin
le Rhône	Madrid	Donald

B. Exercices individuels

- Voir **L. E.**, p. **32.** _____

CINQUIÈME PARTIE : LEÇONS A 15 à A 17

Les marques morphologiques du GN

Introduction

1. Cette cinquième partie comprend :

> LEÇON A 15. — **Le genre;**
> LEÇON A 16. — **Le nombre;**
> LEÇON A 17. — **Le genre et le nombre.**

2. Les constituants du groupe nominal (*GN*) étant dégagés, il importe maintenant de mettre en évidence les lois morphologiques auxquelles ils obéissent, en l'occurrence :

- l'opposition de **genre** : féminin-masculin;
- l'opposition de **nombre** : singulier-pluriel.

3. Tout *GN* est **à la fois** marqué en genre et en nombre (leçon A 17); il est cependant nécessaire, pédagogiquement, de distinguer d'abord les deux types de marques (leçons A 15 et A 16).

4. Il y a lieu de considérer globalement le *GN*, c'est-à-dire de mettre en évidence que les marques de genre et de nombre concernent **à la fois** le déterminant, le nom et l'adjectif (s'il y en a un).

5. Le marqueur principal de genre et de nombre est le déterminant; ainsi dans : *le chien / les chiens,* seul le déterminant distingue à l'oral le singulier du pluriel; de même à l'écrit dans : *le tas de bois / les tas de bois.* C'est donc à lui que l'enfant devra se référer pour savoir si tel *GN* est du masculin ou du féminin, du singulier ou du pluriel.

6. A ce niveau, seule importe, réflexivement, l'extraction des règles écrites du genre et du nombre.

Nous prendrons comme marques régulières l's du pluriel et l'e du féminin, et nous considérerons que les autres sont déviantes par rapport à cette norme.

Il ne revient à la grammaire proprement dite que la mise en évidence des phénomènes. L'apprentissage des règles particulières (pluriels et féminins « irréguliers » à l'écrit) incombe à l'orthographe. Dans la structure grammaticale du français, il n'y a, en effet, aucune différence entre *le grand chêne / les grands chênes* et *le beau bijou / les beaux bijoux;* c'est la même loi qui intervient; seules changent les réalisations graphiques (parfois phoniques : *cheval / chevaux*).

---

1. Il est nécessaire de dégager l'opposition masculin-féminin au niveau des déterminants : c'est à cela que tendent les premiers exercices. On obtient deux séries que l'on conviendra d'appeler l'une « masculin », l'autre « féminin ».

2. On aperçoit alors :

- que le déterminant impose sa loi à tout le *GN*, c'est-à-dire au nom et, éventuellement, à l'adjectif;
- que la loi « féminin » s'inscrit généralement par un e ajouté au nom et à l'adjectif (ce que l'oral ne laisse pas toujours deviner);
- que la machine [fém]→ ne fonctionne pas toujours (la plupart des noms sont toujours féminins ou toujours masculins);
- que certains *GN* qui entrent dans la machine [fém]→ ne répondent pas à la loi générale :
a) le nom ou l'adjectif ne changent pas (*admirable*, etc.)
b) le nom ou l'adjectif ne prennent pas simplement un e à l'écrit et/ou à l'oral.

N. B. — Il s'agit donc :
- de mettre en évidence la loi « féminin »;
- de formuler sa réalisation générale;
- d'attirer l'attention de l'enfant sur les problèmes que posent les féminins de certains GN.

3. TERMINOLOGIE introduite : **masculin, féminin.**
SYMBOLISATION[1] introduite : machines [fém]→ et [masc]→.

---

1. **En théorie,** il est contestable : *a)* de représenter le genre par une machine (transformation), au même titre que le nombre; *b)* de recourir à deux machines ([fém]→ et [masc]→) pour représenter une même réalité linguistique. Il nous a cependant paru efficace, **pédagogiquement,** de le faire.

Oral

A. Dialogue dirigé

1. Premier jeu. Demander à un enfant qui a une petite sœur de la décrire. (Ex. — *Anne a trois ans, elle est blonde, elle est toute ronde...*) Puis demander à un enfant qui a un petit frère de le décrire. (Ex. — *Bruno a quatre ans, il est brun et bouclé, ses yeux sont verts...*)

- Faire reprendre la première description, mais en parlant cette fois d'un garçon. (Ex. — *Il a trois ans, il est blond, il est tout rond...*) Puis reprendre la seconde description en parlant d'une fille. (Ex. — *Elle a quatre ans, elle est brune et bouclée...*)

2. Deuxième jeu. Chaque enfant décrit son ou sa camarade devant les autres. (Ex. — *Tu t'appelles Sylvain, tu as sept ans, tu es blond, grand, mince...*)

3. Troisième jeu. Faire décrire un objet de la classe ou un objet familier à l'enfant. (Ex. — *Cette chaise est haute, elle est en bois clair...* — *Ma trousse est en cuir, elle est noire...*)

B. Systématisation

1. Jeu d'étiquettes. Le maître distribue des étiquettes aux enfants; sur ces étiquettes figurent des groupes nominaux, masculins ou féminins. Les enfants sont invités à placer devant ces groupes nominaux des détermi-nants de leur choix. (Ex. — *prairie fleurie : une... / la... / cette... / ta...*)

ciel nuageux → ... — allée parfumée → ... — maisonnette accueil-lante → ... — joyeux gazouillis → ... — vent léger et frais → ... — promenade agréable → ... — village riant → ... — lièvre malin → ...

2. Pigeon vole. Les enfants lèvent la main chaque fois que le groupe nominal proposé peut recevoir un déterminant du type *la* ou *une* :

gros matou → ... — petite fille → ... — belle voiture → ... marin hardi → ... — robe bleue → ...

Écrit

A. Travail au tableau

1. Importance du déterminant. Le maître transcrit quelques exemples :

une prairie fleurie   un village riant

Par commutation, il fait trouver les déterminants qui peuvent prendre l'une ou l'autre place.

une	prairie fleurie	un	village riant
la		le	
cette		ce	
ta		ton	
leur		leur	
...		...	

Les enfants remarqueront que, pour trouver dans quelle catégorie il faut mettre les groupes nominaux travaillés à l'oral, la présence du déterminant est indispensable.

• On pourra grouper les *GN* vus plus haut en deux ensembles auxquels on donnera l'étiquette FÉMININ OU MASCULIN.

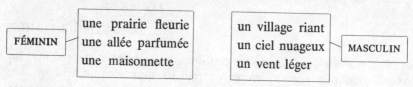

FÉMININ
une prairie fleurie
une allée parfumée
une maisonnette

un village riant
un ciel nuageux
un vent léger
MASCULIN

2. Fonctionnement de la machine. On fera mettre des *GN masc* au féminin; les enfants pourront constater que, pour certains noms, la machine ne marche pas.

> Le lapin malicieux [fém.]→ ... — Le chat maladroit [fém.]→ ...
> — Le lion majestueux [fém.]→ ... — Le flacon transparent [fém.]→ ?

Certains noms sont toujours masculins, d'autres sont toujours féminins. Par équipes, les enfants pourront chercher des noms qui sont toujours masculins (*radis, costume, chapeau...*) ou toujours féminins (*robe, voiture, chaussure...*).

• Combien d'éléments du *GN* le passage dans la machine fait-il changer : *a)* à l'écrit? *b)* à l'oral?

> Mon pauvre ami [fém.]→ Ma pauvre amie. — Un triste voisin [fém.]→ Une triste voisine. — Le grand ami [fém.]→ La grande amie.

Dans certains cas, tous les éléments du groupe nominal changent à l'écrit. Il faut donc faire passer tout le groupe nominal dans la machine [fém.]→.

• Faire établir les correspondances et, de là, dégager la loi.

	D		*D + N*
le	[fém.]→ la	le voisin [fém.]→ la voisine	
un	[fém.]→ une	un ami [fém.]→ une amie	
ce	[fém.]→ cette	*D + N + Adj*	
mon	[fém.]→ ma	le lapin noir [fém.]→ la lapine noire	
ton	[fém.]→ ta		
leur	[fém.]→ leur	certaines transformations s'entendent, d'autres pas.	

• La machine fonctionne parfois différemment : *chat* [fém.]→ *chatte;* *bon* [fém.]→ *bonne; généreux* [fém.]→ *généreuse.*

• Chercher des exemples d'adjectifs et de noms invariables.

B. Exercices collectifs

1. Faire les transformations demandées quand elles sont possibles.

Un coiffeur habile [fém.]→ ... — Elle est grande [masc.]→ ... — Une couturière soigneuse [masc.]→ ... — Une bonne élève [masc.]→ ... — Un infirmier attentif [fém.]→ ... — Un beau crayon [fém.]→ ... — Un enfant faible [fém.]→ ... — Un bon cuisinier [fém.]→ ...

2. Relier.

un chat	une truie
un cheval	une tigresse
un tigre	une brebis
un mouton	une chatte
un canard	une jument
un porc	une cane

C. Exercices individuels

• Voir **L. E.**, p. 34.

1. La démarche de cette leçon est un peu différente de la précédente : on s'appuie sur l'opposition UNITÉ/PLURALITÉ, que l'enfant connaît, pour voir ensuite comment elle s'exprime linguistiquement.

2. L'opposition singulier/pluriel se marque parfois à l'oral et à l'écrit pour *N* et *Adj*, parfois seulement à l'écrit : il faut donc se référer au déterminant pour savoir, d'une manière générale, si le *GN* est au singulier ou au pluriel.

3. La loi générale écrite du pluriel pour *N* et *Adj* est *s;* mais certains *N* et *Adj* suivent d'autres lois.

Comme dans la leçon précédente (A 15), il s'agit d'attirer l'attention de l'élève sur l'existence de cas particuliers — sans pour autant en établir la liste (ces problèmes relèvent de l'orthographe).

4. TERMINOLOGIE introduite : **singulier, pluriel.**

SYMBOLISATION introduite : machines [plur.]→ et [sing.]→.

Oral

A. Dialogue dirigé

1. Lecture de photographies. Le dialogue s'engage à partir de documents apportés par le maître, par exemple : « Voici quelques photographies prises lors d'une promenade à la campagne. Sur celle-ci, que voyez-vous? — Une ferme. — Et sur celle-ci? — Des fermes. »

« Quelle différence y a-t-il entre ces deux photographies? — Sur la première il n'y a qu'une seule ferme, et sur la seconde il y en a plusieurs. »

« Ici, que voyez-vous? — Une poule. — Et ici? — Des poules. — Ici? — Un tracteur. — Et ici? — Des tracteurs... »

2. Prise de conscience de l'opposition. Le dialogue se poursuit : « Que pouvez-vous préciser lorsque vous dites : *un tracteur, une poule?* — Il n'y a qu'un seul tracteur, qu'une seule poule. — Et quand on dit : *des tracteurs, des poules?* — Il y a plusieurs *poules,* plusieurs *tracteurs.*

« *Une ferme, le tracteur, la poule* sont des mots au singulier; *des fermes, les tracteurs, les poules* sont des mots au pluriel. »

« Combien entend-on de différences lorsqu'on dit : *la poule, les poules?* — Une différence : *la, les.* — Quels sont les déterminants que l'on peut mettre à la place de *la,* et à la place de *les? — La, ma, ta, une, cette...; les, mes, tes, ses, des, ces, quelques, plusieurs...* »

« Combien entend-on de différences lorsqu'on dit : *le cheval, les chevaux?* — Deux différences : *le, les; cheval, chevaux.* »

• Par équipes, les enfants pourront chercher des *GN* où l'on entendra une seule différence dans le passage au pluriel (*un gros chat, de gros chats*) ou, au contraire, plusieurs différences (*un grand journal, de grands journaux*).

B. Systématisation

1. Mettre des phrases au pluriel. Le maître lance des phrases, les élèves, à tour de rôle, les répètent au pluriel. (Ex. — *Le poussin piaille* → *Les poussins piaillent.*)

Le fermier surveille le travail → ... — Le grand-père a un chapeau de paille → ... — Le berger garde le troupeau → ... — Le canard barbote → ... — Un homme herse le champ → ... — Le tracteur avance dans le chemin → ... — Il affûte une faux → ... — La paysanne fauche la mauvaise herbe → ... — Le lapin grignote la carotte → ... — Le cheval galope dans le pré → ...

2. Jeu en furet. Chaque élève lance un groupe nominal; son voisin le répète au singulier s'il était au pluriel, au pluriel s'il était au singulier. Par exemple :

Voici un crayon → Voici des crayons. — Voici nos livres → Voici notre livre.

A. Travail au tableau

1. Travail sur le verbe. Le maître transcrit des exemples travaillés à l'oral.

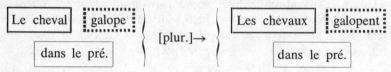

« Combien de différences à l'oral? — Deux : *le, les; cheval, chevaux.* — Combien de différences à l'écrit? — Deux également pour le groupe nominal, et une pour le verbe. »

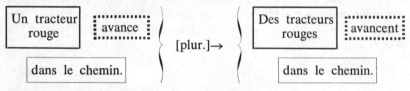

« Dans le groupe sujet, combien de différences à l'oral? — Une seule : *un, des.* — Et à l'écrit? — Chaque élément du *GN* prend un *s.* »

● Extraire la loi; trouver d'autres exemples. Faire remarquer que c'est le déterminant qui indique que le *GN* est au singulier ou au pluriel.

● Faire commuter le sujet (*un tracteur rouge / il; des tracteurs rouges / ils*) et demander ce que devient alors le verbe (il se termine par -*ent*).

2. Remarques orthographiques. Attirer l'attention sur quelques particularités.

Il a un chapeau [plur.]→ Ils ont des chapeaux. — Un gros dindon [plur.]→ de gros dindons.

Certains mots comme *chapeau* ne prennent pas *s,* mais *x* au pluriel. Certains comme *gros,* qui ont déjà un *s* au singulier, ne changent pas au pluriel.

● Les enfants peuvent être invités à chercher des mots qui entrent dans ces catégories. Ces exceptions feront l'objet d'un travail plus systématique au cours des leçons d'orthographe.

B. Exercices collectifs

1. Faire les transformations demandées.

Mon crayon taillé [plur.]→ ... — Quelques oranges mûres [sing.]→ ... — Un gros caillou [plur.]→ ... — Plusieurs volets verts [sing.]→ ... — Tes mains propres [sing.]→ ... — Ces chemins rocailleux [sing.]→ ... — La maisonnette accueillante [plur.]→ ... — Un pauvre enfant [plur.]→ ..

2. Relier

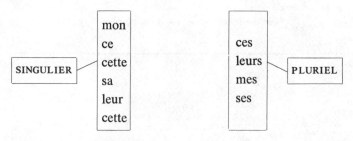

3. Remplacer les déterminants par d'autres.

Des lézards verts se cachent dans les herbes. — Le chien passe sur la route.

4. Dans cet ensemble de déterminants, trouver le sous-ensemble des déterminants singuliers et le sous-ensemble des déterminants pluriels.

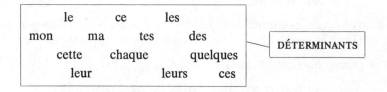

C. Exercices individuels

• Voir **L. E.**, p. 36.

1. Dans cette leçon de synthèse, il s'agit de reprendre les éléments découverts dans les deux leçons précédentes (A 15 et A 16) pour mieux les organiser. Les exercices oraux de départ disparaissent donc. L'essentiel du travail repose sur une recherche orale commune à partir d'un ou plusieurs énoncés inscrits au tableau.

2. TERMINOLOGIE introduite : néant.

N. B. — On peut réunir, quand il est nécessaire de le faire, deux machines fonctionnant ensemble ; ainsi :

$$[\text{fém.}]\rightarrow [\text{plur.}]\rightarrow \longrightarrow [\text{fém. plur.}]\rightarrow$$

Oral

A. Travail au tableau

1. Travail au niveau du groupe jaune. Faire rechercher les groupes dans une phrase, puis les éléments qui forment le groupe jaune.

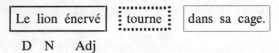

Le lion énervé : tourne : dans sa cage.

    D   N   Adj

2. Exercices de commutation. Le groupe jaune est introduit par un déterminant. Lequel? Quels renseignements nous apporte-t-il?

a) Le groupe nominal est au masculin.

    le lion énervé [fém.]→ la lionne énervée

Faire faire des commutations au niveau des déterminants pour obtenir des séries *masc / fém.*

b) Le groupe nominal est au singulier; il n'y a qu'un seul animal.

    le lion énervé [plur.]→ les lions énervés
    la lionne énervée [plur.]→ les lionnes énervées

Faire faire des commutations au niveau des déterminants pour obtenir des séries *masc sing / fém sing* et *masc plur / fém plur;* faire constater que les déterminants *fém plur* sont les mêmes que les déterminants *masc plur.*

• Dans l'ensemble des déterminants obtenus on pourra former le sous-ensemble des déterminants singuliers et le sous-ensemble des déterminants pluriels.

• Dans le sous-ensemble des déterminants singuliers, on cherchera les déterminants féminins et les déterminants masculins.

Écrit

A. Exercices collectifs

1. Relier.

un	chiens	bouclé
la	cygne	apeuré
mon	chevaux	savants
les	biches	intrépide
leur	chèvre	apprivoisées
des	agneaux	gourmand

2. Faire les transformations.

Une tortue apprivoisée mais peureuse [plur.]→ . . . — Tes petits poussins jaunes [sing.]→ . . . — Le mulet têtu et paresseux [fém.]→ . . . — Les poules gourmandes et bruyantes [sing.]→ . . . — Le chat gris [fém. plur.]→ . . . — Les louves cruelles [masc. sing.]→ . . . — Des chiens affectueux [fém. sing.]→ . . .

B. Exercices individuels

• Voir **L. E.,** p. 38. _____

SIXIÈME PARTIE : LEÇONS A 18 à A 21

Le GN pronominal

Introduction

1. Cette sixième partie comprend :

LEÇON A 18. — **La notion de pronom; *je* et *tu*;**
LEÇON A 19. — **Les pronoms de troisième personne;**
LEÇON A 20. — **Le pronom *nous*;**
LEÇON A 21. — **Le pronom *vous*.**

2. Nous avons déjà dit que la règle de réécriture du syntagme nominal est :

$$SN \rightarrow \begin{Bmatrix} D + N \\ Pr \\ N \ pr \\ P \end{Bmatrix}$$

- L'approche de *SN* → *P* ne se fera qu'au Cours moyen.
- Nous avons déjà mis en évidence *SN* → *D* + *N* et *SN* → *N pr*.
- Il reste à exploiter *SN* → *Pr*.

3. Nous ne considérerons en cette fin de C. E. 1 que les pronoms de conjugaison, dont la pratique a été solidement mise en place dans la SECTION B.

4. Il est d'abord nécessaire d'approcher la notion de pronom (leçon A 18), c'est-à-dire de faire apparaître la règle *SN* → *Pr*. Pour l'enfant, cela revient à constater que, dans un « groupe jaune » (nous nous en tiendrons *pour l'instant* à ce groupe identifié), on peut trouver, outre un *GN* (c'est-à-dire *D* + *N*) ou un *N Pr,* une série de termes que l'on appellera *pronoms*.

Nous rejetons donc, parce que fausse, la définition selon laquelle un pronom est un mot qui remplace un nom (ou, plus justement, un groupe du nom) : *je, tu, nous, vous* n'y répondent pas (*cf. Introduction à la* SECTION B). On constatera simplement que certains pronoms (*il* et ses variantes) peuvent remplacer un *GN*.

5. Il s'agit ensuite d'explorer le paradigme des pronoms de conjugaison (leçons A 18 à A 21) et notamment d'y dégager les lois morphologiques de genre et de nombre.

La notion de pronom; *je* et *tu*

1. La difficulté principale de cette leçon reste l'ambiguïté en genre des morphèmes *je/tu;* c'est pourquoi nous avons prévu sur ce sujet de nombreuses manipulations, axées sur la contrainte morphologique qu'exerce, dans les énoncés attributifs, le sujet sur l'adjectif.

2. TERMINOLOGIE introduite : **pronom.**

SYMBOLISATION introduite : **Pr.**

Oral

A. Travail au tableau

● **Travail au niveau du groupe jaune.** Le maître part d'une phrase écrite au tableau (Ex. — *Le garçon patauge dans l'eau*) et fait rechercher les groupes. (Entourer le sujet de jaune et le verbe de rouge.)

Puis, au niveau du groupe jaune, il fait procéder à des commutations; par exemple :

Le garçon	patauge	dans	l'eau.
Le chien noir	—	—	—
Paul	—	—	—
Il	—	—	—
Je	—	—	—
Tu	patauges	—	—
Nous	pataugeons	—	—

On forme l'ensemble des groupes jaunes obtenus. Dans cet ensemble, quels sont les éléments déjà identifiés?

$$\text{Le garçon} = D + N \qquad \text{Paul} = Npr$$
$$\text{Le chien noir} = D + N + Adj$$

Il reste un certain nombre d'éléments : *il, je, tu, nous...* Ces éléments qui peuvent entrer dans le groupe jaune sont appelés **pronoms.** (Faire compléter la liste des pronoms sujets obtenus si elle est incomplète.)

B. Systématisation

1. Jeu en furet. Un enfant propose un pronom à son voisin; celui-ci doit faire entrer ce pronom dans une phrase et proposer à son tour un pronom à un autre enfant qui fera une phrase, etc.

2. Poser des questions auxquelles chaque élève répondra à tour de rôle : « Paul a reçu le livre dont il avait envie, que dira-t-il? → Je suis heureux, je suis content. — Que pourra-t-on lui dire? → Tu es heureux, tu es content. »

« Que dira Catherine qui a reçu la poupée dont elle avait envie? → Je suis heureuse, je suis contente. — Que pourra-t-on lui dire? → Tu es heureuse, tu es contente. »

• Paul dit : *Je suis heureux, je suis content.* Catherine dit : *Je suis heureuse, je suis contente.* Quelle différence remarque-t-on : *a*) à l'oral? — *b*) à l'écrit? → Lorsque Paul parle, *je* est masculin; lorsque Catherine parle, *je* est féminin.

• On dit à Paul : *Tu es heureux, tu es content.* On dit à Catherine : *Tu es heureuse, tu es contente.* Quelle différence remarque-t-on : *a*) à l'oral? — *b*) à l'écrit? → Lorsqu'on parle à Paul, *tu* est masculin; lorsqu'on parle à Catherine, *tu* est féminin.

3. Jeu oral. Le maître donne les adjectifs et les entrées, chaque enfant à son tour doit reprendre la phrase. Par exemple :

Lourd et gros. La chatte dit → « Je suis lourde et grosse ». — On dit à la chatte → « Tu es lourde et grosse. » — L'éléphant dit → ... — On dit à l'éléphant → ... — On dit à la baleine → ... — La baleine dit → ...

Etroit et sinueux. Le chemin dit → ... — On dit au chemin → ... — On dit à la route → ... — La route dit → ...

Sérieux et attentif. On dit à Jean → ... — Jean dit → ..., etc.

On pourra tirer les conclusions suivantes :

• Pour savoir si *je* est masculin ou féminin, il faut savoir *qui* parle;

• Pour savoir si *tu* est masculin ou féminin, il faut savoir *à qui* on parle.

A. Exercices collectifs

1. Rechercher les groupes jaunes. Quels sont les pronoms ?

Le petit ruisseau coule dans l'herbe, il se faufile sous les cailloux. Les enfants construisent des barrages, Paul apporte de lourdes pierres ; il les empile. Il dit à Catherine : « Tu entasseras des caillloux au-dessus du barrage, pendant que je pêcherai. »

2. Masculin ou féminin ?

« Tu m'accompagnes », dit Alain à Sylvie. — « Je cirerai mes chaussures », dit Anne. — Maman s'adresse à Sophie : « Tu n'auras jamais soin de tes affaires. Je suis toujours obligée de les ranger. »

B. Exercices individuels

• Voir **L. E.,** p. 40. _____

---

1. Outre la notion de pronom, qui est rappelée ici, cette leçon aborde deux problèmes particuliers :

- le genre et le nombre des pronoms personnels sujets de 3ᵉ personne;
- la fonction de substitution de ces mêmes pronoms.

2. Dans la rubrique ECRIT, TRAVAIL AU TABLEAU, la division de l'ensemble des pronoms étudiés selon leur genre et leur nombre est évidemment à conduire avec les élèves : il y a là pour eux une intéressante opération de classement.

Oral

A. Dialogue dirigé

• **Construire une histoire.** Le maître propose un thème et les élèves, chacun à son tour, complètent l'histoire. Le maître relance le dialogue quand c'est nécessaire. Par exemple :

— M. Dupont va partir en vacances; il va se renseigner dans une agence de voyages. Imaginez ce qui se passe. → Il demande des renseignements à l'employé. Il réclame des dépliants. L'employé discute avec lui. Il lui conseille un itinéraire...

— M. Dupont est satisfait. Pourquoi? → Les employés de l'agence sont bienveillants. Ils écoutent attentivement. Ils donnent de bons conseils...

— M. Dupont rentre chez lui. Sa femme le questionne. → Elle demande si M. Dupont a trouvé ce qu'il voulait. Elle rêve déjà de vacances. Elle demande si le trajet sera long...

— Catherine, Nadine, Georges et Sylvain arrivent. → Les fillettes battent des mains. Elles aiment la mer. Les garçons gambadent de joie. Ils imitent le bruit de l'avion.

B. Systématisation

1. Suppression de répétitions. Proposer une phrase avec répétition du *GN* sujet; faire remarquer qu'elle est maladroite, qu'on peut supprimer la répétition : *La rivière coule dans le pré, la rivière s'enfonce dans le bois* → *La rivière coule dans le pré, elle s'enfonce dans le bois.*

- Proposer d'autres phrases à modifier. Par exemple :

Les herbes folles se balancent au bord de la rivière, les herbes trempent leur pied dans l'eau → ... — Le pêcheur s'assied, le pêcheur prépare son attirail → ...

- Même exercice à partir d'une histoire.

Les petits cochons sont effrayés, les petits cochons se réfugient dans la maison → ... — Le loup s'approche de la maison, le loup prend son élan → ...

2. Passage du GN au pronom. Le maître donne des phrases, les enfants transforment le *GN* sujet en pronom sujet. (Ex. — *Le ruisseau coule près de chez moi → Il coule près de chez moi.*)

L'eau rapide fait rouler les cailloux → ... — Le garçon patauge dans l'eau → ... — Ma petite sœur se baigne → ... — Les pêcheurs sont nombreux aujourd'hui → ... — Jean cherche sa canne à pêche → ... — Le temps est humide → ...

- Les enfants proposent eux-mêmes les phrases.

3. Passage du pronom au GN. Le maître donne des phrases, les enfants doivent remplacer le pronom sujet par un *GN*. (Ex. — *Ils partent bientôt → Mes parents partent bientôt.*)

Elle n'aime pas les voyages en bateau → ... — Il entre en gare → ... — Elles acceptent de m'accompagner → ...

Écrit

A. Travail au tableau

1. Substitutions et transformations. Transcrire au tableau un des exemples qui ont fait l'objet du travail oral. (Présentation habituelle.)

L'avion décolle d'Orly. [plur.]→ Les avions décollent d'Orly.
Il décolle d'Orly. [plur.]→ Ils décollent d'Orly.

REMARQUES sur *Il*. — C'est un groupe jaune; il remplace le groupe *L'avion* → C'est un pronom masculin singulier.

REMARQUES sur *Ils*. — C'est un groupe jaune; il remplace le groupe *Les avions* → C'est un pronom masculin pluriel.

- Même procédure avec *elle / elles*.

La fillette aime la mer. [plur.]→ Les fillettes aiment la mer.
Elle aime la mer. [plur.]→ Elles aiment la mer.

REMARQUES sur *Elle*. — C'est un groupe jaune; il remplace le groupe *La fillette* → C'est un pronom féminin singulier.

REMARQUES sur *Elles*. — C'est un groupe jaune; il remplace le groupe *Les fillettes* → C'est un pronom féminin pluriel.

• En substituant un pronom au *GN* sujet d'une phrase comme *Maria et son fils nagent bien,* on remarquera que, lorsque le groupe jaune comporte plusieurs *GN,* si l'un est au masculin, le pronom correspondant est un pronom masculin.

2. Formation d'ensembles. A l'intérieur de l'ensemble des pronoms étudiés, on recherche les sous-ensembles : *a*) des pronoms masculins; *b*) des pronoms féminins.

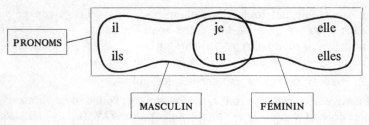

• On pourra aussi rechercher les sous-ensembles : *a*) des pronoms singuliers; *b*) des pronoms pluriels.

B. Exercices collectifs

1. Relier.

Maman et Janine	Il
Pierre	Elles
Mon frère et Eric	Elle
Ma cousine	Ils

2. Trouver les pronoms qui peuvent remplacer les groupes jaunes.

Tous les matins, les marins astiquent le pont du bateau. — Nicole aime voyager en train. — Mes camarades partent en autocar. — Les jeunes filles ont de jolis costumes régionaux.

C. Exercices individuels

• Voir **L. E.**, p. 42.

1. *Nous* est un pronom personnel de combinaison : au *je* de l'énoncé est annexé soit le *tu,* soit une variante de *il* (ou un *GN*), soit encore les deux à la fois : *toi et moi / lui et moi / Pierre, toi et moi, ..., nous.*

Il est donc faux d'enseigner :

- que *nous* est « le pluriel de *je* » ;

- que lorsqu'il y a *nous,* « il y a plusieurs personnes qui parlent ». (En réalité, c'est le locuteur qui parle *de* plusieurs personnes.)

2. *Nous* est par définition ambigu en genre :

- parce qu'il contient un *je,* qui est lui-même ambigu en genre ;

- parce qu'il peut contenir en outre un *tu,* qui l'est aussi.

3. TERMINOLOGIE introduite : néant.

Oral

A. Dialogue dirigé

- **Jeu oral.** Six enfants, garçons et filles, sont au tableau. Nathalie parle à Sophie en s'associant systématiquement à un ou plusieurs des enfants.

— Moi, je vais en Italie ; Catherine aussi va en Italie → Elle et moi, nous allons en Italie. — Eric aussi va en Italie → Lui et moi, nous allons en Italie. — Marianne et Philippe vont aussi en Italie → Eux et moi, nous allons en Italie. — Toi aussi, tu vas en Italie → Toi et moi, nous allons en Italie, etc.

— Je vais en récréation ; toi aussi tu vas en récréation → Nous allons en récréation. — J'ai les cheveux blonds ; Patrick et Michèle ont les cheveux blonds → Nous avons les cheveux blonds, etc.

B. Systématisation

1. Travail sur *nous*. Le maître propose la phrase de départ. Les élèves, à tour de rôle, donnent la phrase de synthèse. (Ex. — *Elle danse au théâtre; moi aussi, je danse au théâtre → Elle et moi, nous dansons au théâtre.*)

Jean aime les voyages; moi aussi, j'aime les voyages en avion → ... — Je range mes affaires. Lui aussi range ses affaires → ... — Tu prépares tes bagages; moi aussi, je prépare mes bagages → ... — Pascal est heureux de partir; je suis heureuse de partir → ... — Mes parents voyageront en train. Je voyagerai aussi en train. → ...

2. Travail sur l'opposition *nous* / autres pronoms. Même procédure.

Jean va au cirque. — Jean et moi → ... — Lui et moi → ... — Jean et Patrick → ... — Jean, Patrick et moi → ... — Toi → ... — Moi → ...

Caroline et moi, nous aimons le patinage. Pascal et moi → ... — Pascal et Caroline → ... — Pascal, Caroline et moi → ... — Eux et moi → ... — Elle et moi → ... — Elle et lui → ... — Jean et Michel → ... — Jean, Michel et moi → ...

Nous regardons les patineurs. Catherine et Sophie → ... — Catherine et moi → ... — Elles et moi → ...

Écrit

A. Travail au tableau

1. Reprendre au tableau quelques exemples parmi ceux sur lesquels a porté le travail oral. (Présentation habituelle.)

Catherine et moi nous aimons le patinage.
Elle et moi   —   —   —

Frédéric et moi nous aimons le patinage.
Lui et moi   —   —   —

Et aussi : *Catherine, Sophie et moi; elles et moi; Luc, Christian et moi; eux et moi; toi et moi,* etc.

- Les enfants pourront remarquer que *nous :* est un groupe jaune ; remplace ... *et moi;* est un pronom pluriel.

2. *Nous* est-il masculin ou féminin ? (Prendre au besoin des exercices similaires à ceux de la rubrique ORAL, SYSTÉMATISATION.)

Lui et moi	→ MASCULIN	Eux et moi	→ MASCULIN

Elle et moi → ?
Elles et moi → ?

Il faut savoir si *moi* est masc. ou fém.

Toi et moi → ?

Selon que *toi* et/ou *moi* sont masc. ou fém.

B. Exercices collectifs

1. Est-ce masculin ou féminin ?

Elle et moi, nous visiterons l'Espagne, dit Martine. — Lui et moi, nous restons chez nous, dit Marc. — Elles et moi, nous avons beaucoup d'amies.

2. Former tous les ensembles possibles ayant *nous* fém. pour étiquette.

Sophie   Eric
elle   lui

Nathalie   Philippe
moi   lui

Sylvie   Marianne
toi   elle

3. Même exercice avec *moi* = *Jean*.

C. Exercices individuels

- Voir **L. E.,** p. 44.

A 21   Le pronom *vous*

> **1.** Nous signalons ailleurs (SECTION B) le triple statut du *vous*. Il nous paraît possible d'approcher réflexivement l'opposition du *vous* de combinaison (*Pierre et toi*) et du *vous* de politesse ; mais non celle du *vous* de combinaison et du *vous* de pluralité que l'on trouve dans une phrase comme *Vous apporterez des images* (phrase adressée par le maître à ses élèves).
>
> **2.** Par définition, *vous* est ambigu en genre (comme *nous*) et en nombre.
>
> **3.** Contrairement à *je/tu/il,* **nous** et **vous** ne sont pas toujours « groupe jaune » : il nous a semblé nécessaire de le faire remarquer au passage par les élèves afin d'éviter d'éventuelles confusions (cf. ECRIT, TRAVAIL AU TABLEAU, 3).
>
> **4.** Les leçons A 20 et A 21 sont symétriques de B 20 et B 21 ; ces deux dernières insistent encore davantage sur l'ambiguïté en genre de *nous/vous* et en nombre de *vous*.
>
> **5.** TERMINOLOGIE introduite : néant.

Oral

A. Dialogue dirigé

1. Premier jeu. Le maître pose une question du type : « Quels sont les enfants qui connaissent l'Italie ? », puis engage un dialogue avec un élève. Par exemple :

— Que peux-tu leur dire ? → Toi Hervé et toi Christian, vous connaissez l'Italie.

— Que peuvent-ils dire tous les deux ? → Nous connaissons l'Italie. Hervé et moi, nous connaissons l'Italie. Christian et moi, nous connaissons l'Italie.

— Et à Hervé, que peux-tu dire ? → Lui et toi, vous connaissez l'Italie. Toi et lui, vous connaissez l'Italie. Frédéric et toi, vous connaissez l'Italie.

— Et à Frédéric, que peux-tu dire ? → Hervé et toi, vous connaissez l'Italie, etc.

2. Second jeu. On s'adresse, cette fois, à toute la classe.

— Qui connaît l'Espagne? [...] Que peut-on leur dire? → Corinne et Anna, vous connaissez l'Espagne → Elle et toi, vous connaissez l'Espagne, etc.

— Qui connaît d'autres pays? [...] Que peut-on leur dire? → Christian, Dominique et Catherine, vous connaissez d'autres pays → Toi, elle et lui, vous connaissez d'autres pays, etc.

— Qui parmi vous aimerait visiter la Corse? [...] Pourquoi? → Jacqueline et moi, nous aimerions visiter la Corse, parce que nous ne la connaissons pas → Toi, Bruno, et elle, vous aimeriez visiter la Corse, etc.

— Catherine et Christine, aimeriez-vous visiter l'Italie? → Nous aimerions visiter l'Italie → Toi, Catherine, et toi, Christine, vous aimeriez visiter l'Italie, etc.

B. Systématisation

• Le maître propose la phrase de départ et les élèves la « retournent » en s'adressant à l'un de ceux qui ont été désignés. (Ex. — *Régine et Bruno reviennent d'Italie → Elle et toi, Bruno, vous revenez d'Italie.*)

Catherine, Frédéric et Georges partent pour l'Egypte → ... — René et Bernard nous écrivent d'Israël → ... — René et Bernard ont visité le temple de Salomon → ... — Patrick, Philippe et Roger aimeraient partir pour la Grèce → ... — Paul et Jean n'ont jamais pris l'avion → ... — Patrick, Jean et Christine rêvent du Mexique → ... — Mes cousins et Paul embarquent pour le Maroc → ...

Écrit

A. Travail au tableau

1. Transcrire au tableau quelques phrases du travail oral et procéder comme lors de la leçon précédente pour arriver à la conclusion que *vous* s'emploie lorsque l'on parle à plusieurs personnes et qu'il remplace [...] *et toi*.

2. *Vous* est-il masculin ou féminin?

Lui et toi → MASCULIN   Eux et toi → MASCULIN
Elle et toi → ?)
Elles et toi → ?) Il faut savoir si *toi* est masc. ou fém.

3. Introduction du *vous* de politesse. Le maître s'adresse aux élèves.

Si je vous dis que j'aime les voyages, que pouvez-vous me dire?
→ Vous aimez les voyages.

Ce *vous* ne peut être remplacé par [. . .] *et toi.* Il est du singulier.

4. *Vous* et *nous* ne sont pas toujours groupes jaunes. Donner quelques exemples.

Jean nous parle → Jean parle à Frédéric et à moi. — Je vous parle de l'Angleterre → Je parle à Frédéric et à toi de l'Angleterre.

B. Exercices collectifs

1. Former l'ensemble des pronoms. (Parmi ceux-ci, on pourra chercher les pronoms masculins, féminins, singuliers, pluriels.)

2. Féminin ou masculin?

Pierre et toi, vous pensez au Japon. — Jean, Paul et Sophie, vous avez une invitation pour les Pays-Bas. — Où allez-vous, Sabine et Régine? — Où allez-vous, Patrick et Jean? — Eux et toi, vous allez visiter le Maroc. — Elles et toi, vous prendrez des photographies des Pyramides d'Egypte.

3. Singulier ou pluriel?

Bonjour, Madame! Vous avez des carottes? — Le maître dit à ses élèves : « Que vous êtes bruyants! » — Pardon, Monsieur, auriez-vous l'heure? — Vous êtes tous les deux des menteurs!

C. Exercices individuels

● Voir **L. E.,** p. 46.

SECTION B

MORPHO-SYNTAXE VERBALE

REMARQUES PRÉLIMINAIRES

Qu'est-ce que " conjuguer " ?

1. *Conjuguer* un verbe, c'est établir un rapport entre un **morphème préverbal** (le pronom de conjugaison) et un **morphème postverbal** (la désinence). Maîtriser la conjugaison orale et écrite, c'est maîtriser ce rapport, c'est-à-dire avoir acquis les automatismes linguistiques qu'il engage.

2. Le travail de la morpho-syntaxe verbale suppose que l'on soit attentif :

- au jeu des pronoms personnels sujets, dits pronoms de conjugaison;

- au jeu des désinences verbales, qui varient : *a*) selon la personne et le nombre; *b*) selon le mode; *c*) selon le temps grammatical; *d*) selon le type même du verbe conjugué.

Paramètres des pronoms de conjugaison

1. Le pronom de conjugaison exprime à la fois la personne et le nombre — parfois aussi le genre.

2. On appelle **morphème-personne** le signe linguistique qui, dans un énoncé, renvoie à l'émetteur ou au(x) récepteur(s) de cet énoncé, selon le schéma :

je pleure (ÉNONCÉ)

EMETTEUR   ————————→   RÉCEPTEUR

- *je,* dans *je pleure,* renvoie à l'émetteur; il suppose le *tu,* qui renvoie au récepteur;

- émetteur et récepteur sont des personnes.

3. *Je/tu* sont des **morphèmes personnels**; par définition, ils ne peuvent jamais « remplacer un nom », c'est-à-dire être des substituts linguistiques : à proprement parler, ce ne sont donc pas des pronoms. Par commodité, nous continuerons, cependant, à les appeler ainsi en prenant ce terme au sens de : « élément linguistique qui fonctionne *comme* un groupe nominal ». Nous pouvons, en effet, obtenir les équivalences suivantes :

L'enfant	pleure.
Il	—
Je	—
Tu	— s.
etc.	

4. *Il* représente dans un énoncé la « non-personne », c'est-à-dire renvoie à l'extérieur du couple émetteur/récepteur : à un individu dont on parle, mais aussi à une chose, à un concept, etc. — et notamment à une unité linguistique préalablement énoncée.

Dans *il resplendit,* par exemple, *il* peut renvoyer :

• à un individu identifiable dans le contexte de la communication par l'émetteur et le récepteur;

• à une chose identifiable dans le contexte de la communication par l'émetteur et le récepteur;

• à une unité linguistique que l'émetteur vient précisément d'énoncer : *Regarde le soleil. Il resplendit.*

Il est donc très différent de *je/tu* : il renvoie à une non-personne, il peut être un véritable pronom, il peut se vider de tout contenu (*il pleut*).

Pour toutes ces raisons, c'est un élément qui prend différentes marques de genre (*il / elle*) et de nombre (*ils / elles*).

Par commodité, on range *je, tu, il* sous une même étiquette « pronoms personnels », en les répartissant hiérarchiquement : 1re, 2e, 3e personne. Mais il est important d'avoir à l'esprit que ce classement rend mal compte des faits.

5. Des combinaisons sont possibles :

à partir de *je :*

tu + je (toi et moi) ⎫
il + je (lui et moi) ⎪
ils + je (eux et moi) ⎬ nous
elle + je (elle et moi) ⎪
elles + je (elles et moi) ⎭

à partir de *tu :*

il + tu (lui et toi) ⎫
elle + tu (elle et toi) ⎪
ils + tu (eux et toi) ⎬ vous
elles + tu (elles et toi) ⎭

Nous et *vous* ne sont donc pas le pluriel de *je* et *tu* (par définition, *je* ne peut avoir de pluriel), mais des **morphèmes de combinaison** qui contiennent l'un *je* et l'autre *tu*.

Ce ne sont donc pas non plus des pronoms, puisque *je* et *tu* n'en sont pas : ils peuvent seulement l'être partiellement, s'ils recouvrent, outre le *je* et le *tu*, un groupe nominal (**Mon père** *et moi, nous...;* **Ton père** *et toi, vous...*).

C'est par commodité que nous continuerons de les appeler « pronoms de la 1ʳᵉ et de la 2ᵉ personne du pluriel ».

6. Aux pronoms de la 3ᵉ personne du singulier s'adjoint *on,* qui a une double fonction :

- en français familier, il fonctionne à la place de *nous;*
- il renvoie à un individu ou à un groupe d'individus trop indéterminés pour être linguistiquement représentés par des morphèmes-personnels (Ex. — *On fait des travaux en ville*); dans ce cas, il n'est pas réductible à un *nous.*

7. De tout ce que nous venons de dire, il suit que l'approche pédagogique des pronoms de conjugaison d'une part suppose le recours constant à des situations de communications, d'autre part doit s'ordonner ainsi :

> *je/tu*
> *il*
> variantes de *il*[1]
> *nous*
> *vous*

8. Si l'enfant de huit ans pratique couramment la série *je/tu, il/ils* (*elle/elles*), il ne connaît guère *nous/vous*. Contrairement aux habitudes, nous préférons donc scinder initialement les leçons selon le jeu des pronoms de conjugaison, car leur mise en place nous paraît capitale : prendre du temps pour le faire permet d'en gagner par la suite.

Paramètre des modes et des temps

1. Au C. E. 1, nous approcherons seulement l'opposition INDICATIF / INFINITIF et, à l'indicatif, le présent et les deux futurs : le futur simple (*je chanterai*), le futur périphrastique (*je vais chanter*).

2. Le passé composé viendra dès le début du C. E. 2.

---

1. Soit : *il* (*elle*), puis *ils* (*elles*). *On* sera simplement inclus à l'ensemble *il* / *elle* sans commentaire (son approche réflexive est hors de portée d'un élève de C. E. 1).

Paramètre des types de verbes

1. La relation *pronom de conjugaison-désinence verbale* est d'autant plus facile à observer qu'elle est marquée à l'oral, ce qui est le cas dans *je vais / tu vas* ([vɛ]/[va]), mais pas dans *je chante, tu chantes* ([ʃɑ̃t] / [ʃɑ̃t]).

2. Il est donc préférable, notamment pour le passage à l'écrit, de partir d'un verbe dont les formes sont bien différenciées à l'oral : les marques écrites paraîtront alors plus « normales » à l'enfant. On passera ensuite à des verbes dont les marques écrites ne correspondent pas à des marques orales.

3. A cette réserve près, la série des verbes en -*er* doit être approchée très tôt : elle est en effet très nombreuse et productive (dans leur grande majorité, les verbes qui se créent quotidiennement sont des verbes en -*er*).

4. Nous avons également prévu l'approche au C. E. 1 des deux auxiliaires *avoir* et *être,* ainsi que du verbe *aller* (fréquent, tant comme verbe de mouvement : *je vais chez toi,* que comme semi-auxiliaire du futur périphrastique : *je vais venir bientôt*)[1].

Progression

De toutes les remarques précédentes, nous pouvons déduire cette progression que nous commenterons plus loin dans son détail :

1. Série *je / tu /il* et ses variantes : présent de l'indicatif de *avoir* et des verbes en -*er;*

2. Découverte de l'infinitif;

3. Série *nous / vous :* présent de l'indicatif de *avoir* et des verbes en -*er;*

4. Présent de l'indicatif de *aller;*

5. Découverte du futur : futur simple et futur périphrastique des verbes en -*er;*

6. Présent de l'indicatif de *être.*

---

1. Nous considérons que l'étude des « exceptions » (verbes en -*yer, -ayer, -eler,* etc.) ressortit davantage à l'orthographe qu'à la grammaire; aussi ne sera-t-elle pas abordée ici.

La symbolisation

1. Comme nous l'avons signalé dans l'*Introduction générale,* nous ferons progressivement intervenir — du C. E. 1 au C. M. 2 — les éléments d'une symbolisation qui facilite l'approche réflexive de la syntaxe de la phrase.

2. D'une section à l'autre cette symbolisation sera évidemment homogène.

3. Au C. E. 1, elle revient essentiellement à la mise en évidence de la notion de groupe[1], et plus particulièrement du sujet et du verbe, en relation l'un avec l'autre :

- Le verbe sera représenté par un cadre rouge;

- Le sujet sera représenté par un cadre jaune[2].

4. L'approche **réflexive** de cette relation n'intervient que dans la *Troisième partie* de la Section A (A 8 et sqq.); mais elle sera vécue empiriquement lors de chaque séance de morpho-syntaxe verbale. Il est donc évident que ceci prépare cela.

Par commodité, autant que par souci d'efficacité, nous proposons d'installer la symbolisation « jaune » - « rouge » dès la première leçon, **sans aucune explication ni précision terminologique** : l'enfant constatera seulement que lorsque le « jaune » change, le « rouge » change généralement aussi.

N. B. — Convenons donc, dès à présent, que lorsque nous parlerons de « groupe jaune », il s'agira du sujet; de « groupe rouge », il s'agira du verbe.

Peu à peu l'élève prendra conscience qu'une règle générale régit la relation JAUNE-ROUGE. La découverte réflexive de la relation SUJET-VERBE se fera ainsi progressivement et semblera, le moment venu, « aller de soi ».

---

1. *Cf.* Section A, *Deuxième et Troisième Partie.*

2. Pour la correspondance entre ces couleurs et la symbolisation retenues ici, voir p. 19.

PREMIÈRE PARTIE : LEÇONS B 1 à B 6

Avoir et les verbes en *-er*
Présent avec *je, tu, il, ils*

Introduction

1. Cette partie comprend les leçons suivantes :
LEÇON B 1. — ***Avoir,* au présent avec *je* et *tu;***
LEÇON B 2. — **Les verbes en *-er* au présent avec *je* et *tu;***
LEÇON B 3. — **Présent avec *il, elle;***
LEÇON B 4. — **Présent avec *il, elle* ou un GN;**
LEÇON B 5. — **Présent avec *ils, elles;***
LEÇON B 6. — **Présent avec *ils, elles* ou un GN pluriel.**

2. Comme nous l'avons signalé dans l'introduction à la SECTION B, l'ordre adopté suit :

• d'une part, les oppositions personnelles : *je / tu,* puis *je / tu / il;*

• d'autre part, et parallèlement, l'opposition des désinences verbales.

3. Oppositions personnelles.

Nous avons, outre l'opposition *je / tu // il,* inscrit dans cette partie le travail des variantes de *il* en même temps que de la correspondance entre ce pronom et un *GN.*

Il ne s'agit pas ici de mettre en évidence sa fonction de pronom, mais de la travailler implicitement : nous préparons ainsi la *Sixième partie* de la SECTION A (A 18 et sqq.); d'autre part, nous conduisons à la pratique correcte de la conjugaison du verbe, que celui-ci ait pour sujet un pronom ou un *GN.*

4. Opposition des désinences verbales.

Nous avons dit la nécessité de prendre comme modèle de conjugaison un verbe dont les formes au présent soient suffisamment différenciées à l'oral comme à l'écrit; nous avons retenu *avoir* parce qu'il est en outre l'un des verbes les plus fréquents du français.

Nous abordons **parallèlement** l'apprentissage des verbes en *-er :* la variation de leurs marques écrites (non symétriques des marques orales) sera d'autant mieux intégrée qu'elle sera comparée à celles du verbe *avoir.* Disons qu'*avoir* permet de bien mettre en évidence les lois qui gouvernent aussi les verbes en *-er.*

1. Les formes *je* et *tu* sont ici souvent appuyées par leurs correspondantes *moi, toi.* C'est, en effet, ce qui se passe le plus souvent lorsque nous les utilisons en opposition.

Moi et *toi* étant des pronoms toniques (c'est-à-dire affectés d'un accent d'intensité), ils permettent à l'élève de bien sentir l'opposition de personne (*je* et *tu* sont au contraire atones, et comme soudés avec la forme verbale).

On évitera, cependant, de ne faire intervenir que les couples *moi, je — toi, tu.*

Par ailleurs, on se gardera d'introduire les formes toniques dans un énoncé écrit où l'on voudra inscrire les groupes jaune et rouge; pour éviter des confusions ultérieures, on doit toujours proposer des représentations du type :

| je | : chante : | et non | moi, je | : chante : |

2. Nous aurons souvent recours, comme ici, aux ensembles; en l'occurrence, deux ensembles (jaune et rouge) dont les éléments sont à mettre en relation. Cet outil est particulièrement précieux en morphosyntaxe verbale, puisque, comme nous l'avons dit, « conjuguer » un verbe revient à établir une relation entre deux séries de morphèmes (pronoms de conjugaison et désinences).

N. B. — Par commodité, nous inclurons dans le groupe rouge l'ensemble *lexème-désinence,* et non la désinence seule.

3. Peut-on et (ou) doit-on exiger de l'enfant la liaison dans un énoncé comme : *Tu as une poupée* ([tyaȝynpupe])? On obtiendrait évidemment une opposition nette ensuite entre la 2e et la 3e personne du singulier du verbe *avoir : Il a une poupée* ([ilaynpupe]).

Pour notre part, nous avons constaté que cette exigence, qui va nettement au rebours du français oral contemporain, surprenait et, d'ailleurs, séduisait à ce point les élèves que, par analogie, ceux-ci mettaient aussi la liaison à la 1re et à la 2e personne... Ce qui nous a conduits à l'abandonner.

4. Terminologie introduite : **groupe jaune, groupe rouge** (à la rigueur[1] et exclusivement[2]).

---

1. Dans la mesure où la notion de groupe n'a pas encore été approchée.

2. Le terme *verbe* sera peu à peu utilisé, sans qu'en soit proposée une définition; celle-ci interviendra plus loin. L'enfant s'habituera simplement à s'entendre dire, puis à dire que, dans la phrase *J'ai mal aux dents,* le verbe *avoir* est conjugué.

Oral

A. Dialogue dirigé

1. Jeu oral. Le maître donne le départ, puis le jeu se continue entre les élèves. Par exemple :

Moi, j'ai une feuille morte. Et toi? → Moi, j'ai une feuille encore verte . . . — Moi, j'ai un petit écureuil. Et toi? → Moi, j'ai un chat . . .

2. Même jeu avec une amorce de l'interrogation. (Chaque élève doit pouvoir dire une phrase.)

Moi, j'ai une châtaigne. Et toi qu'est-ce que tu as? → Moi, j'ai des mûres. Et toi qu'est-ce que tu as? → Moi, j'ai une poire. Et toi qu'est-ce que tu as? . . .

B. Systématisation

1. Proposer une phrase et changer le pronom sujet; les enfants doivent reprendre la phrase avec le nouveau groupe proposé. Par exemple :

Tu as une grappe de raisin. Je . . . ? → J'ai une grappe de raisin.
— J'ai une feuille morte. Tu . . . ? → Tu as une feuille morte...

2. Conduire ce jeu avec tous les élèves en intervertissant les deux formes du verbe *avoir*. Soit M le maître et A, B, C les élèves.

M à A. — J'ai un lapin blanc; et toi qu'est-ce que tu as?
A à M. — Moi, j'ai un hamster.
A à B. — Toi, tu as un lièvre; et moi qu'est-ce que j'ai?
B à A. — Toi, tu as un hamster.
B à C. — Moi, j'ai un lièvre; et toi qu'est-ce que tu as?
C à B. — Moi, j'ai un chien de chasse...

Écrit

A. Travail au tableau

• Le maître écrit deux exemples au tableau.

J'ai un petit écureuil.
Tu as un petit écureuil.

Faire remarquer que deux mots ont changé, l'un faisant changer l'autre.

• On entoure de jaune le sujet et de rouge le verbe (sans donner aucune explication aux enfants).

B. Exercices collectifs

1. Relier les éléments des deux ensembles.

| j' | as | un écureuil |
| tu | ai | un écureuil |

2. Compléter par ⸨ai⸩ ou par ⸨as⸩

J' ... une feuille rousse et toi tu ... des châtaignes.

Tu ... de jolies grappes de raisin.

J' ... un beau lièvre dans ma gibecière, mais tu ... quelques perdrix.

Qu'est-ce que tu ... ? Moi, j' ... quelques glands.

Qu'est-ce que tu ... ? Moi, j' ... de beaux champignons.

3. Compléter.

Moi, ☐ ⸨⸩ un panier plein de fruits.

Toi, ☐ ⸨⸩ un frisson, car le vent souffle.

Toi, ☐ ⸨⸩ un chien de chasse.

Moi, ☐ ⸨⸩ peur du vent d'automne.

• On pourra se servir de ce qui vient d'être étudié pour corriger un texte d'élève.

C. Exercices individuels

• Voir **L. E.**, p. 48.

B 2   Les verbes en *-er* au présent avec *je* et *tu*

> **1.** Au cours de l'étape ECRIT, TRAVAIL AU TABLEAU, il s'agit bien de **conduire** l'enfant à être attentif à la différence entre ce qu'il entend et ce qu'il écrit; on s'appuiera sur la séance précédente pour lui faire constater que, parfois, « ça change quand on parle et quand on écrit » et que, parfois aussi, « ça change seulement quand on écrit ».
>
> **2.** TERMINOLOGIE introduite : néant.

Oral

A. Dialogue dirigé

1. Jeu oral : rappel de *je / tu* avec le verbe *avoir*.

En automne, tu as un joli jardin → Oui, j'ai des arbres roux dans mon jardin. — Toi, tu as des colères aussi violentes que les bourrasques d'hiver → Oui, mais j'ai aussi des moments très calmes. — J'ai des noisettes dans mon jardin → Oui, mais toi tu as un écureuil qui vient les manger...[1].

2. Passage aux verbes en *-er*. Ne peut-on employer un autre mot à la place de *ai* ou *as*?

J'ai des arbres roux → Je possède des arbres roux. — Tu as un joli jardin → Tu possèdes un joli jardin...

• Demander des substitutions d'abord au niveau du groupe jaune (entraînant une substitution au niveau du groupe rouge), puis au niveau du complément.

Je préfère les arbres roux → Tu préfères les arbres roux. — Je préfère une noisette → Tu préfères une noisette.

---

1. Il va de soi que ces exemples ne sont là qu'à titre d'illustration. Le maître adaptera le principe de ces exercices aux conditions particulières de sa classe et choisira lui-même le thème du dialogue. Ces indications valent évidemment pour toutes les leçons.

On obtient ainsi toute une série de phrases. (Chaque élève doit pouvoir en trouver une.)

EXEMPLES. — Je ramasse une noisette → Tu ramasses une noisette / Tu ramasses les fruits / Je ramasse les fruits / J'aime les fruits / Tu aimes les fruits / J'aime les fleurs...

3. Autres thèmes possibles. Passer du *je* au *tu* en changeant toute la phrase. Par exemple :

Moi, je possède un taille-crayon. Tu possèdes un taille-crayon aussi.
— Moi, je préfère mon taille-crayon. Tu demandes souvent le mien.
— Moi, je joue à la marelle. Toi, tu préfères la course. — Moi, j'aime les poupées. Toi, tu ...

B. Systématisation

• Le maître propose une phrase; il change le groupe jaune et les enfants doivent reprendre la phrase avec le nouveau groupe proposé. (Ex. — *Je laboure un champ. Tu ... ? → Tu laboures un champ.*)

Tu travailles à la ferme. Je ... ? — Tu écoutes le bruit du vent dans les branches. Je ... ? — Je sème du blé. Tu ... ? etc.

Il faut faire travailler le plus d'élèves possibles. On peut aussi changer le groupe rouge. (Ex. — *Tu laboures un champ. Posséder ... ? → Je possède un champ. — Tu ... ?*)

Écrit

A. Travail au tableau

• Reprendre les phrases du début de la SYSTÉMATISATION et les écrire au tableau. Entourer le sujet de jaune et le verbe de rouge.

| Je | laboure | un champ. | Je | travaille | à la ferme. |
| Tu | laboures | un champ. | Tu | travailles | à la ferme. |

Demander aux élèves ce qui se passe lorsqu'on change le groupe jaune :
a) à l'oral; *b)* à l'écrit.

B. Exercices collectifs

1. Relier les éléments des deux ensembles.

je j' tu	as regarde admires écoutes ai	un beau cheval le laboureur les feuilles rousses le vent d'automne de bonnes semences

2. Compléter avec *je, tu* ou *j'*[1].

... écoutes la pluie sur les carreaux. — ... regarde les hirondelles qui se groupent. — ... admire leur vol en rase-mottes. — ... ai un champ où ... sème du blé.

3. Trouver un groupe rouge[1].

Je ... les derniers fruits. — Tu ... le vent. — J' ... le pâle soleil d'automne.

• On pourra se servir de ce qui vient d'être étudié pour corriger un texte d'élève.

C. Exercices individuels

• Voir **L. E.**, p. 49.

---

1. Ces exercices — au tableau ou sur feuille — seront présentés en figurant les groupes jaune et rouge, l'un des deux étant représenté par un cadre vide (voir leçon précédente, ECRIT, EXERCICES COLLECTIFS).

---

1. On a cherché, à l'oral (DIALOGUE DIRIGÉ), à « faire vivre » l'opposition *je/tu/il* en créant des situations de communication où deux interlocuteurs (A et B) conversent et parlent d'un tiers (C). L'opposition peut être rendue plus concrète si l'on sépare A et B de C, par exemple.

2. Le lecteur s'aperçoit, en avançant, que l'on recourt largement, dans la plupart des exercices, à la procédure de **substitution**; dans un énoncé donné, on remplace un terme par un autre qui, à la même place, peut avoir la même fonction :

Je	chante	Je	chante
Tu	— s	—	regarde
Il	—	—	dessine

La substitution repose sur ce principe : lorsque nous énonçons une phrase, nous opérons constamment des choix; dans cet exemple, le choix d'un morphème-personne (1re pers. par opposition aux autres), d'un morphème-nombre (singulier, par opposition à pluriel), d'un lexème verbal (*chant-,* par opposition à toute une série d'autres), etc.

On dit qu'un ensemble d'unités linguistiques pouvant ainsi se substituer les unes aux autres forme un **paradigme**. En l'occurrence, nous travaillons au niveau du paradigme des pronoms de conjugaison et du paradigme des désinences verbales.

On s'aperçoit ainsi que, dans une langue, nul élément n'existe isolément, mais tire sa valeur de l'**opposition** avec ce qu'il n'est pas : *il,* par exemple, ne se définit que par opposition avec *je/tu*. C'est pourquoi toute séance de grammaire se fonde sur le travail de réseaux d'oppositions.

3. On constatera peut-être chez certains élèves des difficultés à s'adapter aux exercices que nous proposons tant pour cette section que pour les deux autres. Cela est normal et temporaire : les élèves s'accoutumeront progressivement à ces types de consignes.

Oral

A. Dialogue dirigé

1. Motivation. Trois élèves dialoguent au tableau; A (fille ou garçon) a un frère; B (garçon) a une sœur; C (fille) a une sœur et un frère.

A à B. — Moi, j'ai un frère; Toi, tu as une sœur; Elle, elle a une sœur et un frère.

C à A. — Moi, j'ai un frère et une sœur; Toi, tu as un frère, lui, il a une sœur...

2. Même jeu avec des verbes en -er. A raconte une histoire; B écoute l'histoire; C préfère lire.

> A à B. — Moi, je raconte une histoire; toi, tu écoutes l'histoire; mais elle, elle préfère lire.

> A à C. — Moi, je raconte une histoire; toi, tu préfères lire; mais lui, il écoute l'histoire...

3. Autres thèmes possibles. On conduira ces jeux avec tous les élèves en changeant les situations. Par exemple (en utilisant le matériel de classe ou des objets apportés par le maître) :

> A a un cahier bleu, B a un cahier rouge, C a un livre. — A chante très bien, B chante faux, C n'ouvre pas assez la bouche. — A a une pomme; B a une grappe de raisin; C a une poire. — A mange une pomme; B goûte un raisin; C aime les poires...

B. Systématisation

• Le maître propose une phrase; il change le groupe jaune et les enfants doivent reprendre la phrase avec le nouveau groupe proposé. (Ex. — *Je regarde les flammes de l'incendie. Tu ...? → Tu regardes les flammes de l'incendie. — Il ...? Il regarde les flammes de l'incendie.*)

> J'ai un merveilleux grand-père. Tu ...? Elle ...? — Il raconte toujours de belles histoires. Tu ...? Elle ...? Je ...? — Tu écoutes avec émerveillement. Il ...? Je ...?

Conduire ce travail avec tous les élèves : une réponse par élève (rythme très rapide).

Écrit

A. Travail au tableau

• Le maître écrit des exemples au tableau.

J'	ai	un frère.		J'	écoute.
Tu	as	un frère.		Tu	écoutes.
Il	a	un frère.		Il	écoute.
Elle	a	un frère.		Elle	écoute.

● Attendre les remarques des élèves : « Il n'y a pas d's à la fin du groupe rouge avec *il* ou *elle;* il n'y en a pas non plus avec *je,* etc. »

B. Exercices collectifs

1. Relier les éléments des deux ensembles.

je j' tu il elle	ai joues écoute raconte as a	un oncle en Afrique devant le feu la chanson du feu une histoire peur dans le noir un petit chat

2. Comment s'écrit le groupe rouge[1] ?

Je ... les images **(regarder).** — Tu ... les histoires **(aimer).** Il ... beaucoup de jouets **(avoir).** — Elle ... la télévision **(regarder).** — Tu ... la radio **(écouter).** — J' ... un Meccano **(avoir).**

3. Remplir le cadre jaune[1].

... admires ton père. — ... aime la vie de famille. — ... parle des vacances. — ... a beaucoup d'amis. — ... aimes les soirées au coin du feu.

● Eventuellement, correction d'un texte d'élève.

C. Exercices individuels

● Voir **L. E.,** p. 50. ——————————————————————

---

1. Présenter l'exercice sur feuille ou au tableau comme précédemment (voir p. 111).

B 4 *Avoir* et les verbes en *-er* : présent avec *il/elle* ou avec un GN singulier

> **1.** Cette leçon porte sur les pronoms *il* / *elle* et leur équivalence avec un groupe nominal. Il ne s'agit **en aucun cas** de faire découvrir réflexivement la fonction pronom, mais d'amener l'enfant :
>
> • à la vivre (préparation à la *Sixième partie* de la Section A);
>
> • à pratiquer correctement la conjugaison du verbe, que celui-ci ait pour sujet un pronom ou un *GN*.
>
> **2.** Terminologie introduite : néant.

Oral

A. Dialogue dirigé

1. Rappel : *je* / *tu* / *il* avec *avoir* et les verbes en *-er*. Le maître donne le départ, puis, après quelques phrases, le dialogue se poursuit entre les élèves. Par exemple :

Tu traverses toujours dans les passages cloutés, mais lui, il traverse n'importe où. — Je préfère la campagne, mais toi, tu aimes les bruits de la ville. — Je joue souvent au jardin public, mais lui, il a un jardin à lui tout seul...

2. Motivation[1]. Reprendre le jeu de la semaine précédente. (Trois élèves dialoguent au tableau; A habite en ville; B habite en banlieue; C demeure à la campagne.)

A à B. — J'habite en ville; tu habites en banlieue; lui, il demeure à la campagne, etc.

---

1. Nous rappelons encore que seule importe, à nos yeux, la **trame** des exercices que nous proposons : au maître de choisir ses propres motivations, thèmes, exemples. Ceux que nous proposons ne sont là que pour éclairer le **principe** de l'exercice.

Ou encore : A habite en appartement; B a une maison particulière; C (fille) habite la villa de ses grands-parents.

A à B. — J'habite en appartement; tu as une maison particulière; elle, elle habite la villa de ses grands-parents, etc.

• Amener les enfants à trouver d'autres groupes jaunes (le plus grand nombre possible) à la place de *il* ou *elle* (*Marc, mon père, le garagiste, le voisin, le patron de mon père; Pierrette, ma cousine, mon amie,* etc.).

3. Autres thèmes possibles. On peut changer les situations et faire opérer des substitutions au niveau du groupe jaune. Par exemple :

J'ai un chat blanc; tu as un gros chien; lui, il a trois hamsters. — Je parle beaucoup; toi, tu parles très haut; elle, elle ne parle jamais.

B. Systématisation

1. Travail au niveau du groupe jaune. Le maître donne des phrases et demande d'autres groupes jaunes; par exemple :

Il arrive à la gare ce soir → Mon cousin / Le fils du voisin / Mon grand-père, etc. — Elle aime le vacarme de la ville → Ma sœur / L'amie de ma sœur / Ma cousine, etc. — Il marche le long des rues → . . . — Elle monte dans l'autobus → . . . — Il a une belle voiture → . . .

2. Travail au niveau du groupe jaune et du groupe rouge. Le maître donne une phrase et propose un autre groupe jaune ou un autre groupe rouge. Les enfants reprennent la phrase avec le nouveau groupe proposé. (Faire ce travail très rapidement, en suscitant l'intervention du plus grand nombre possible d'élèves.)

EXEMPLE. — Il habite une villa. Je . . . ? → J'habite une villa. — Tu . . . ? Le voisin . . . ? Avoir? → Le voisin a une villa. — Il . . . ? Tu . . . ? etc.

A. Travail au tableau

• **Exercices de substitution.** Le maître écrit une phrase au tableau et demande des substitutions au niveau du groupe jaune. (Présentation habituelle, avec groupes cerclés). Par exemple :

Il	arrive à la gare ce soir.
Mon père	
Le frère du voisin	
Mon oncle l'épicier	

Elle	aime le vacarme de la ville.
Ta sœur	
La maman de Pascal	
Ma grand-mère	
Mon amie	

B. Exercices collectifs

1. Ecrire correctement le groupe rouge. (Présentation habituelle.)

Pierre ... à la gare **(arriver)**. — Le maçon ... l'échafaudage **(installer)**. — La fille de l'épicière ... de la chance **(avoir)**.

2. Relier les éléments des deux ensembles.

Je	regarde	la rue.
Pierre	admires	les conducteurs.
Mon frère	ai	une belle voiture.
Tu	parle	de sa maison.
J'	a	une rue à son nom.

• Eventuellement, correction d'un texte d'élève.

C. Exercices individuels

• Voir **L. E.**, p. **52.**

---

1. Dans la rubrique Écrit, Travail au tableau, **commutation** est exactement synonyme de **substitution**.

2. La liste des formes conjuguées n'est pas à reproduire telle quelle au tableau : on doit l'obtenir à partir d'une phrase donnée, proposée, dans laquelle on procédera à des commutations.

> Tu as un vélo
> Il → a un vélo
> etc.

3. Terminologie introduite : néant.

Oral

A. Dialogue dirigé

1. Jeu du code de la route. Cinq élèves sont au tableau (A, C; X, Y, Z). A et C sont les personnes qui dialoguent (*je / tu*) face à X, Y, Z (*ils,* puis *elles*).

Le maître distribue aux enfants des cartons sur lesquels sont tracés des signaux du code de la route. Les enfants montrent le carton qu'ils ont à la main.

> A à C. — Moi, j'ai « Sens interdit ». Toi, tu as « Stop ». C (*désignant Y, puis Z*) — Lui, il a « Sens obligatoire »; elle, elle a « Passage à niveau ».

● Le maître distribue une nouvelle série de cartons :

> A (*désignant X et Y*). — Eux, ils ont « Limitation de vitesse ».
> C (*désignant X et Z*). — Elles, elles ont « Interdit aux poids lourds ».

Le jeu se renouvelle jusqu'à ce que tous les élèves soient passés au tableau.

2. Autres jeux possibles. Le maître invite les cinq élèves qui sont au tableau à effectuer des gestes différents et à les décrire. Par exemple :

Moi, je ferme les yeux ; toi, tu croises les bras ; lui, il tape du pied, etc.

• Le maître invite les enfants réunis par petits groupes à parler de leurs projets de vacances. Ce qui pourra donner :

Je pense aller aux Baléares ; eux, ils aiment la mer ; elles, elles adorent l'Italie, mais moi, je préfère rester en France, etc.

B. Systématisation

1. Verbes en -er. Le maître propose une phrase ; il change le groupe jaune et les enfants doivent reprendre la phrase avec le nouveau groupe proposé.

EXEMPLES. — Papa et Georges stoppent au feu rouge. Ils ... ? → Ils stoppent au feu rouge. — Les deux messieurs ... ? → Les deux messieurs stoppent au feu rouge. — Plusieurs personnes ... ? Les ambulancières ... ? Nos amis ... ? Jean ... ? etc.

2. Verbe *avoir*. Même type d'exercice.

EXEMPLE. — Moi, j'ai un procès-verbal. Toi, tu ... ? Lui ... ? Elle ... ? Eux ... ?

Écrit

A. Travail au tableau

• **Exercices de commutation.** Le maître transcrit un exemple au tableau ; il invite les enfants à faire des commutations au niveau du groupe jaune. (Les verbes seront cerclés de rouge, les groupes sujets encadrés de jaune.)

Tu as un vélo.	Tu contemples la voiture.
Il a un vélo.	Il contemple la voiture.
Elle a un vélo.	Elle contemple la voiture.
Ils ont un vélo.	Ils contemplent la voiture.
Elles ont un vélo.	Elles contemplent la voiture.

A partir de ces exemples, les enfants pourront établir les remarques suivantes :

— Le groupe jaune commande le groupe rouge, à l'écrit comme à l'oral ;

— *Ils* et *elles* commandent *-ent* pour les verbes en *-er* et *ont* pour le verbe *avoir*.

On comparera alors l'écrit et l'oral.

B. Exercices collectifs

1. Compléter.

Il arrête un taxi → Ils ... — Tu trébuches sur un caillou → Je ... — Elles arrivent en ville → Tu ... — Ils klaxonnent très peu → Elle ...

2. Commuter le groupe jaune.

Tu	as	un plan de Paris.		J'	ouvre	la porte du garage.	
...	ai	—	—	...	ouvrent	—	—
...	a	—	—	...	ouvres	—	—
...	ont	—	—	...	ouvre	—	—
...	ont	—	—				

C. Exercices individuels

• Voir **L. E.**, p. **54.** _____

B 6 *Avoir* et les verbes en *-er* : présent avec *ils/elles* ou avec un GN pluriel

1. Cf. les remarques de B 4 (page 118).

2. Une phrase contenant *ils* ou *elles* est la dérivée de deux phrases de base :

		il	chante		il	chante
ils chantent		Pierre	—		Jacques	—
elles chantent		elle	—		elle	—
		Claudine	—		Jeanne	—

Autrement dit, *ils / elles* recouvrent au moins deux pronoms de type *il / elle,* c'est-à-dire deux informations-genre, semblables ou différentes (masculin et masculin, féminin et masculin, etc.).

On sera donc attentif à faire **pratiquer**[1] par les élèves, au cours de cette séance, des énoncés où ces correspondances soient incluses.

---

1. Les lois seront dégagées plus tard. Voir A 16 et A 19.

Oral

A. Dialogue dirigé

1. Motivation : CHEZ LA MARCHANDE DE JOURNAUX. — Une élève a devant elle des journaux. Les enfants viennent, seuls ou à plusieurs, en choisir. Un autre élève est chargé de dire au reste de la classe ce qui se passe. Cela donnera, par exemple :

Christine, que désires-tu? — *Fripounet.* → Elle désire *Fripounet.* Paul et Jean, que voulez-vous? — Nous voulons *Tintin* → Ils veulent *Tintin.* — Pierre et Catherine, que désirez-vous? — Une revue → Ils désirent une revue. — Et vous, Virginie et Brigitte? — *Lisette.* → Elles achètent *Lisette,* etc.

• La même scène peut être jouée avec n'importe quel autre type de marchandises. Par exemple :

CHEZ LE BOUCHER. — Bonjour, madame, que désirez-vous? — Deux biftecks. — Et vous, madame? — Un rosbif → Les deux dames achètent du bœuf. Elles achètent du bœuf, etc.

2. Autres thèmes possibles. On pourra utiliser les marionnettes, par exemple pour comparer leurs vêtements. (Ex. — *La rouge a un fichu, l'autre aussi → Elles ont toutes deux un fichu,* etc.)

B. Systématisation

1. Travail sur *ils* / *elles*. Après avoir distribué à chaque enfant un objet de la panoplie de l'épicier, le maître désigne les élèves qui, chacun à son tour, seront chargés de faire l'inventaire des achats de leurs camarades.

Lui et lui → Ils ont du café. — Elle et elle → Elles ont du savon. — Lui et elle → ... — Elle, elle, et lui → ... — Elle et lui → ...

2. Exercices de substitution. Le maître propose des phrases, les enfants les reprennent en remplaçant le groupe jaune par le pronom convenable. (Ex. — *Toute la famille part faire des achats → Elle part faire des achats.*)

Ma mère et ma sœur se dirigent vers le rayon de vêtements → ... — Mes frères préfèrent les jouets → ... — Mon père et mon grand-père sont attirés par les outils → ... — Mon cousin et ma cousine choisissent des enveloppes → ...

Écrit

A. Travail au tableau

• Le maître écrit une phrase au tableau et demande des substitutions au niveau du groupe jaune.

Ils	préfèrent les jouets.
Mes frères	— —
Mon frère et mon cousin	— —
Mon frère et ma sœur	— —

Elles	ont un fichu.
Les marionnettes	— —
La fermière et sa fille	— —
Mes sœurs et leurs amies	— —

B. Exercices collectifs

1. Relier.

Sylvain et Patrick Elle et lui Elles et lui Janine et Sophie Pierre et ses sœurs Mes cousins Pascal et Véronique	elles ils	regardent les livres ont envie d'un album

2. Remplacer le groupe jaune encadré[1] par *ils* ou par *elles*.

Catherine et Sophie sont ravies; *Catherine et Sophie* accompagnent leur maman en ville. — Mes cousins comptent leur argent; *mes cousins* veulent acheter des cartes. — Mon frère et ma sœur entrent dans le magasin; *mon frère et ma sœur* choisissent un livre. — Les vendeurs et les vendeuses rangent leurs marchandises; *les vendeurs et les vendeuses* ont terminé leur travail.

C. Exercices individuels

• Voir **L. E.**, p. **56.** _____

---

1. Figuré ici par de l'*italique*.

DEUXIÈME PARTIE : LEÇONS B 7 à B 9

Avoir et les verbes en *-er*

infinitif et présent avec *nous*, *vous*

Introduction

1. Cette partie comprend :

LEÇON B 7. — **Découverte de l'infinitif;**
LEÇON B 8. — **Présent avec *nous;***
LEÇON B 9. — **Présent avec *vous*.**

2. Les leçons B 8 et B 9 terminent l'exploration du paradigme des pronoms de conjugaison.

L'élève du C. E. 1 emploie très peu les pronoms *nous* et *vous* (surtout le *nous*) *:* c'est qu'ils présentent de sérieuses difficultés d'utilisation. Il nous a donc paru nécessaire de réserver une séance à chacun d'eux.

3. Il était urgent aussi de situer l'infinitif : cette forme verbale est très fréquente et, d'autre part, on y fait nécessairement référence lorsqu'il s'agit de morpho-syntaxe verbale.

Son approche suppose qu'on puisse l'opposer avec ce qu'il n'est pas; aussi ne pouvait-on y procéder avant la mise en place d'une série conjuguée (leçons B 1 à B 6).

Nous avons placé l'étude de l'infinitif en tête de cette partie parce qu'il est pratique d'en disposer au plus vite. Mais il est tout à fait possible de le différer, après B 9 par exemple.

1. L'infinitif est a-personnel et a-temporel ; il ne garde sa valeur verbale que par l'opposition aspectuelle d'une forme simple et d'une forme composée :

chanter/avoir chanté — boire/avoir bu.

2. Nous n'avons à envisager ici que sa forme simple, et il suffit à ce niveau de la caractériser par sa valeur a-personnelle.

Pour l'enfant, cela peut se traduire par l'opposition entre « formes conjuguées du verbe » (précédemment explorées) et « forme non-conjuguée du verbe » (infinitif), le terme « conjuguer » étant implicitement vécu au sens de : établir une relation entre le groupe jaune et le groupe rouge.

3. La série des formes verbales conjuguées n'a pas à être spécifiée pour l'instant : la dénomination *présent* n'interviendra que par opposition avec celle d'une autre série, par exemple *futur* (voir B 12). La dénomination *indicatif* n'aura d'utilité que lorsque nous devrons rassembler plusieurs séries au sein d'un même ensemble (C .E. 2).

4. Nous savons combien la traditionnelle répartition des verbes en trois groupes, suivant leur infinitif, est fragile. Il nous paraît pourtant utile de la garder dans la mesure où nous nous préoccupons, pour une large part, d'enseigner une morpho-syntaxe verbale **écrite**.

Cela n'exclut pas que l'enfant puisse contester plus tard cette classification, lorsque, dominant mieux les problèmes, il sera en mesure de comparer réflexivement oral et écrit (premier cycle du second degré.)

5. TERMINOLOGIE introduite : **infinitif**.

A. Dialogue dirigé

1. Sensibilisation. Le maître engage un dialogue avec les élèves.

Nadine, que fais-tu? → J'écoute la maîtresse. — Nadine écoute
la maîtresse. Quel est le verbe de cette phrase? A quel élément
est-il relié? → *Ecoute* est le verbe, il est relié au groupe jaune *Nadine*.
— Quel verbe a-t-on conjugué? [...] Et, dans la phrase : *J'ai beaucoup de livres,* quel est le verbe conjugué? ...

2. Jeu de devinettes. Le maître propose une devinette; chaque enfant
à son tour répond, puis donne l'infinitif du verbe qu'il a conjugué. Par
exemple :

Que fait le gourmand? → Il mange beaucoup; verbe *manger.* —
Que font les enfants le jour de Noël? → Ils admirent leurs jouets;
verbe *admirer.* — Que fait Xavier avec sa carabine? → Il tire avec
adresse; verbe *tirer.*

B. Systématisation

1. Trouver l'infinitif. Le maître propose les phrases. Les enfants doivent
donner l'infinitif du verbe employé. (Ex. — *Christine promène sa poupée*
→ *verbe* promener.)

Mon frère a un rhume → ... — Ces fillettes dansent gracieuse-
ment → ... — Mon cousin désire un costume de cosmonaute → ...
— Les enfants impatients déballent leurs jouets → ... — Aimes-tu
le sapin de Noël? → ... — Mon grand-père n'aime pas les livres
→ ... — Mon parrain me donne toujours des cadeaux utiles → ...
— Tous les ans, les enfants espèrent des cadeaux → ...

2. Utiliser le verbe dans une phrase. Le maître propose des verbes
à l'infinitif, les enfants se servent de ces verbes pour construire des
phrases. (Ex. — *Gambader* → *Mon chien gambade sur la pelouse.*)

● Les enfants pourront proposer eux-mêmes des verbes à l'infinitif, avec
lesquels leurs camarades feront des phrases.

A. Travail au tableau

• Le maître reprend quelques verbes à l'infinitif proposés par les enfants et inclut ces verbes dans des phrases qui sont écrites au tableau.

A partir de ces exemples, on pourra établir les remarques suivantes :

— A chaque verbe conjugué, on peut faire correspondre un verbe non conjugué; celui-ci est à l'infinitif;

— Ces verbes à l'infinitif ont des terminaisons particulières.

On pourra distinguer l'ensemble des verbes dont la terminaison est *-er* des autres.

B. Exercices collectifs

1. Faire l'ensemble des verbes conjugués, l'ensemble des verbes non conjugués. (Partir des phrases reproduites au tableau.)

2. Dans l'ensemble des verbes à l'infinitif, faire le sous-ensemble des verbes dont la terminaison est *-er*. (Partir de l'exercice précédent.)

3. Trouver les groupes et donner l'infinitif des verbes.

Pascale accompagne son frère à la fête. — Chaque année, nous avons de jolies cartes de vœux.

4. Conjuguer le verbe donné. (Présentation habituelle.)

Bébé ... dans les bras de sa maman (*sommeiller*). — Philippe et Régine ... beaucoup de chance (*avoir*). — Le fumet du gigot ... la maison (*embaumer*).

C. Exercices individuels

• Voir **L. E.,** p. 57.

1. *Nous* est un morphème de combinaison, par lequel (voir p. 104) *je* annexe : *tu*
  il (ou ses variantes, ou un *GN*)
  tu et *il* (et/ou ses variantes, ou un *GN*).

Il faut donc l'aborder en situation de communication et l'éclairer par sa paraphrase : *Lui et moi, nous..., Pierre, toi et moi, nous...,* etc.

2. Nous signalons une fois pour toutes que nous ferons souvent intervenir en morpho-syntaxe verbale les machines [n]→ et [i]→. Il nous paraît opportun d'entraîner régulièrement les élèves à pratiquer ces deux transformations fondamentales.

3. TERMINOLOGIE introduite : néant.

Oral

A. Dialogue dirigé

1. Motivation : LES MAGASINS. — Deux élèves tiennent le rôle de l'épicier et de l'épicière. Les autres élèves défileront dans le magasin, soit seuls, soit par deux ou trois. Le maître accepte toutes les formes, qu'elles aient ou non été étudiées.

On obtiendra un dialogue du type suivant :

Nous désirons un paquet de café moulu. — Nous n'avons que du café en grains. — Donnez-nous aussi deux litres de lait. — J'ai aussi du bon fromage blanc. — Non, merci, lui et moi, nous n'en mangeons pas, etc.

2. Autres thèmes possibles. Un dialogue du même genre peut s'instaurer entre des « joueurs de cartes ».

J'ai un valet, et toi, tu as le roi de pique. — Ensemble, nous avons beaucoup d'atout. — Nous allons gagner facilement, etc.

● Ou encore : des amis se sont perdus de vue depuis un certain temps, ils se rencontrent dans la rue. Questions et réponses permettront d'obtenir l'emploi de plusieurs formes. Ainsi :

Nous habitons un nouveau quartier. — Ma sœur et moi, nous préférons vivre ici. — J'ai un nouvel emploi, etc.

B. Systématisation

1. Premier jeu. Le maître pose des questions, les enfants donnent les réponses.

Que fais-tu en ville? → J'admire les vitrines. — Et toi, Christine? → Je cherche une paire de souliers. — Que peux-tu dire de Christine? → Elle cherche... — Dis-le-lui maintenant. → Tu cherches...

Et vous, Gil et Georges, que faites-vous en ville? → Nous regardons le va-et-vient de la foule. — Que font Gil et Georges? → Ils regardent... — Et toi et moi? → Nous entrons dans un magasin...

2. Second jeu. Le maître et les élèves se partagent des cartes. Le maître compte les points.

J'ai vingt-deux points; et toi, Bruno? [...] Et ton partenaire, combien en a-t-il? [...] Ensemble, combien avez-vous de points? [...] Et vos adversaires, combien en ont-ils? [...] Et toi et moi, combien en avons-nous? ...

● Opposition X-Y / Z[1].

Toi et moi nous avons du pique. Et lui? [...] — Elle n'a pas de cœur, mais toi et moi ... — Je joue avec Philippe; tu vois, lui et moi nous avons dix cartes. — Maintenant je joue avec Christine; tu vois, elle et moi nous n'avons que huit cartes. — Regarde ces fillettes, elles et moi nous jouons au jeu des sept familles...

---

1. Où Y = *moi*, X et Z étant des personnes quelconques, ce qui conduit à la combinaison : X + *moi* = *nous*.

A. Travail au tableau

● Le maître transcrit quelques exemples au tableau.

J'habite le même bâtiment que toi
Tu habites le même bâtiment que moi
Il, elle habite   —   —   → Nous habitons
Ils, elles habitent   —   —   le même bâtiment.

A partir de ces exemples, les enfants établissent les remarques suivantes :

— Nous = toi et moi / lui et moi / elle et moi / eux et moi / elles et moi;

— Terminaison du verbe = -*ons*. (Comparer ce qu'on entend et ce qu'on écrit.)

B. Exercices collectifs

● **Remplacer le groupe jaune par *ils*, par *elles* ou par *nous*; écrire correctement le groupe rouge.** (Présentation habituelle.)

Mes parents . . . la télévision (*regarder*) — Frédéric et moi . . . la porte de la boutique (*pousser*). — Eux et moi . . . la vendeuse (*remercier*). — Corinne et sa maman . . . les oranges (*examiner*). — Mon frère, ma sœur et moi . . . notre mère en ville (*accompagner*).

C. Exercices individuels

● Voir **L. E.**, p. 58. _____

1. Par définition, l'émetteur d'un énoncé est toujours unique. Aussi, *je* ne peut-il avoir de pluriel; tout au plus peut-on lui adjoindre, comme nous l'avons signalé, un ou plusieurs autres morphèmes personnels, la combinaison aboutissant à *nous*.

Le statut de *vous* n'est pas exactement similaire : un énoncé peut en effet avoir plusieurs récepteurs coexistants, et situés par l'émetteur dans un groupe homogène dont il ne distingue pas les individus (c'est, par exemple, le cas du maître s'adressant à sa classe). *Vous* peut ainsi être un véritable pluriel de *tu*.

Mais il peut également équivaloir à la combinaison d'un *il* et d'un *tu,* c'est-à-dire être utilisé par un émetteur distinguant son récepteur d'autres individus engagés dans le même procès; ainsi :

> Pierre et toi
> Lui et toi   } vous fermerez la porte.
> Eux et toi
> etc.

Par ailleurs, le *vous* peut être saisi comme référant à un récepteur unique, dont on souhaite, pour une raison ou pour une autre, se distancer. Il s'agit alors du *vous* dit « de politesse », sorte de dilatation de *tu*.

2. Nous nous intéresserons ici essentiellement au *vous* de combinaison; les autres fonctions du même morphème (particulièrement sa fonction « de politesse ») sont approchées en A 21 (page 98).

3. Nous rappelons que, si le maître le juge utile, il peut construire avec sa classe des tableaux récapitulatifs, au fur et à mesure de la progression.

Oral

A. Dialogue dirigé

1. Motivation : LES CADEAUX DE NOËL. — Le maître invite les enfants à écrire sur une feuille les noms des jouets qu'ils désirent pour Noël, puis engage avec eux un dialogue de ce type :

Frédéric, que demandes-tu? → Je commande un train électrique. — Qui commande encore un train électrique? [...] Que pouvez-vous dire? → Nous commandons un train électrique. — Toi, Jean, que peux-tu leur dire? → Vous commandez un train électrique. — Christian, cherche parmi tes camarades ceux qui désirent le même jouet que toi. Que peux-tu leur dire? ...

2. Autres jeux possibles. Un élève tient le rôle du maître et s'adresse à ses camarades.

Rangez vos ardoises ... Toi et toi, apportez-moi vos cahiers ... Vous, Philippe et Francis, vous bavardez trop souvent ...

• Ou encore, avec les marionnettes. Guignol pose des questions aux enfants, car Jacquot a disparu. Par exemple :

Je cherche Jacquot. Aidez-moi ... Ne l'avez-vous pas vu? Savez-vous où il se cache? ...

B. Systématisation

1. Verbes en -er. Le maître propose une phrase. Il change le groupe jaune et les enfants reprennent la phrase avec le nouveau groupe.

Tu commandes un train électrique. Il ...? → Il commande un train électrique. — Nous ...? Ces deux garçons ...? Jean et moi ...? Paul et toi ...? Eux et toi ...? Eux et moi ...?

Nous offrons une poupée. Mes parents ...? Toi et ton frère ...? Jean et toi ...? Ma sœur et moi ...? Mes cousins ...? Tes grands-parents ...?

2. Verbe *avoir*. Même type d'exercice.

J'ai un planeur. Paul et toi ...? → Vous avez un planeur. — Tes frères et toi ...? Mon frère et moi ...? Eux et toi ...? Ta sœur et toi ...? Elles et toi ...?

A. Travail au tableau

● Le maître transcrit quelques exemples au tableau.

> Paul et toi, vous commandez un train.
> Eux et toi, vous commandez un train.
> Elles et toi, vous commandez un train.
>
> Lui et toi, vous avez un planeur.
> Ta sœur et toi, vous avez un planeur.
> Eux et toi, vous avez un planeur.
> Elles et toi, vous avez un planeur.

A partir de ces exemples, les enfants établissent les remarques suivantes :

— Diverses valeurs de *vous* : *lui et toi / elle et toi / eux et toi / elles et toi;*

— Terminaison du verbe = *-ez.*

● Il sera bon de faire faire quelques commutations au niveau du verbe, en ne transcrivant, parmi les exemples proposés par les enfants, que les verbes en *-er.*

B. Exercices collectifs

● **Relier.**

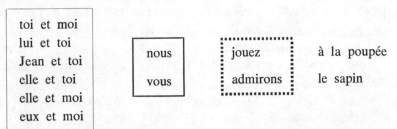

toi et moi				
lui et toi	nous	jouez	à la poupée
Jean et toi			
elle et toi	vous	admirons	le sapin
elle et moi			
eux et moi			

C. Exercices individuels

● Voir **L. E.,** p. **60.**

TROISIÈME PARTIE : LEÇONS B 10 ET B 11

Aller au présent

Introduction

1. Cette partie comprend :

LEÇON B 10. — **Présent avec *je, tu; il/elle, ils/elles* et avec un GN;**

LEÇON B 11. — **Présent avec *nous, vous.***

2. Les élèves ayant à leur disposition le paradigme complet des pronoms de conjugaison, il est maintenant possible d'aller plus vite, sauf difficultés particulières (comme pour le verbe *être*).

Il nous paraît que deux séances sont suffisantes pour maîtriser un verbe comme *aller,* au présent; la répartition se faisant, pour les raisons que nous avons dites dans l'*Introduction générale,* selon les séries : *je, tu, il* + variantes / *nous, vous.*

N. B. — Des raisons supplémentaires justifient cet ordre; ainsi la nature des désinences, et, pour certains verbes, des radicaux.

chante	chantes	chante	chantent		chantons	chantez
ai	as	a	ont		avons	avez
vais	vas	va	vont		allons	allez
pars	pars	part	partent		partons	partez

3. L'introduction du verbe *aller* à cette place se justifie :

● par sa haute fréquence d'emploi;

● par la symétrie de son présent avec celui du verbe *avoir,* déjà étudié;

● par l'utilisation que nous en ferons lors de l'étude du futur. (*Quatrième partie* de la SECTION B.)

B 10 *Aller* : présent avec *je, tu, il/elle, ils/elles* et avec un GN

1. Il paraît normal d'exploiter le parallélisme des présents de *avoir* et *aller*.

2. Il faut extraire *aller* des infinitifs en *-er*, ceux-ci étant considérés comme réguliers (présent écrit en *-e, -es, -e,* etc.).

On pourra demander aux élèves de regrouper en ensembles une série de verbes comme *courir, avoir, donner, manger, dormir, ronfler, aller,* etc., selon les critères :

infinitifs en -er   infinitifs non en -er

et voir où se place le verbe *aller* (théoriquement à l'intersection des deux : il a une terminaison en *-er*, mais ne répond pas aux mêmes règles).

3. TERMINOLOGIE introduite : néant.

Oral

A. Dialogue dirigé

1. Questions à partir d'une histoire. Le maître raconte un passage de Cendrillon et pose des questions sur ce passage. Par exemple :

Où va Cendrillon? → Elle va au bal. — Comment y va-t-elle? → Elle y va en carrosse. — Que dit-on des chevaux? → Ils vont très vite. — Que peut dire Cendrillon à ceux qu'elle rencontre? → Je vais au bal. — Quelle recommandation lui fait sa marraine? → Tu vas au bal, mais reviens avant le dernier coup de minuit ...

2. Autres thèmes possibles. On pourra aussi poser des questions du type : *Où vas-tu en vacances? Où va ta maman tous les vendredis?*

B. Systématisation

● Le maître donne la phrase de départ et les entrées; chaque enfant reprend à son tour.

Elle va au bal pour la troisième fois. Je ...? → Je vais au bal pour la troisième fois. — Tu ...? Les princesses ...? — Les chevaux vont très vite. Ils ...? Tu ...? Elles ...? Le cheval ...? Il ...? Galope? → Il galope très vite. — Tu ...? Les poneys ...? — Le carrosse va vers le palais. Il ...? Tu ...? Cendrillon ...? On ...? Rouler? Il ...? etc.

Écrit

A. Travail au tableau

● Comparer la conjugaison d'*aller* avec celle d'*avoir*. Le maître écrit deux phrases au tableau et délimite les groupes. Les élèves procèdent à des commutations du groupe jaune et du groupe rouge.

Elle	va	au bal.	Elle	a	un beau carrosse.
Ils	vont	—	Ils	ont	—	—
Tu	vas	—	Tu	as	—	—
Je	vais	—	J'	ai	—	—

On obtiendra alors des élèves les remarques suivantes :

— Les formes du verbe *aller* ressemblent à celles du verbe *avoir* (faire distinguer l'oral et l'écrit);

— Le verbe *aller* se termine en *-er*, mais ne se conjugue pas comme les autres verbes en *-er*.

B. Exercices collectifs

1. Relier.

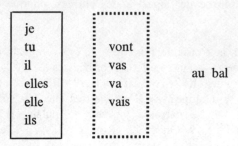

je		
tu	vont	
il	vas	au bal
elles	va	
elle	vais	
ils		

2. Relier.

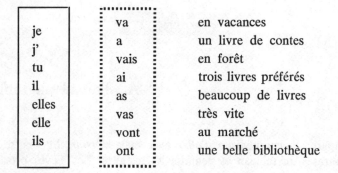

je	va	en vacances
j'	a	un livre de contes
tu	vais	en forêt
il	ai	trois livres préférés
elles	as	beaucoup de livres
elle	vas	très vite
ils	vont	au marché
	ont	une belle bibliothèque

3. Chercher le groupe jaune. (Présentation habituelle.)

... vas au marché. — ... vais au fond du jardin pour lire. —
... vont chez le libraire. — ... va à la bibliothèque municipale.

4. Conjuguer le verbe *aller*.

Je .. à la librairie. — Tu ... au kiosque à journaux. — Elles ...
en vacances à la campagne.

C. Exercices individuels

• Voir **L. E.**, p. **62.** _____

Nous rappelons, une fois encore, que tous les énoncés oraux que nous proposons sont là à titre indicatif — particulièrement les réponses d'élèves! Seule importe la **structure** de l'exercice; c'est pour la mettre en évidence que nous sommes obligés de recourir à ces exemples.

Oral

A. Dialogue dirigé

1. Rappel : *je / tu / il, elle / ils, elles* avec le verbe *aller*. Jeu de questions et de réponses entraînant l'usage du verbe à toutes les formes vues précédemment.

Où vas-tu ce soir? → Je vais au théâtre. — Et lui, où va-t-il? → Il va au cinéma. — Et toi, tu vas au cirque? → Oui, je vais au cirque . . .

2. *Nous* / *vous* avec le verbe *aller*. Enchaîner avec des phrases entraînant l'emploi de *nous* et *vous*. Par exemple :

Où allez-vous après le repas? → Nous allons en ville chercher un ami, puis nous allons au cinéma. — Vous allez au cinéma? Moi, je préfère aller au théâtre.

Où courez-vous? → Nous allons sur la place voir les forains qui ont installé leur tente. — Vous allez au cirque ce soir? . . .

3. Jeu oral. Deux élèves (filles) sont au tableau; elles partent en vacances. Les enfants essayent de deviner où elles vont.

Allez-vous à l'étranger? → Oui, nous allons à l'étranger. — Allez-vous au bord de la mer? → Non, nous n'allons pas au bord de la mer. — Allez-vous vers le sud? . . .

B. Systématisation

● Le maître donne les phrases et les entrées; chaque enfant complète à son tour.

Je vais à une représentation théâtrale. Tu . . . ? → Tu vas à une représentation théâtrale. — Il . . . ? Mes voisins . . . ? Nous . . . ? Vous . . . ? — Assister? → Vous assistez à une représentation théâtrale. Il . . . ? etc.

Ils vont à la foire. Nous ... ? Vous ... ? Tu ... ? Le fils du voisin ... ? — Nous allons à la ménagerie. Vous ... ? Pierre et Jean ... ? Ton ami ... ? — Tu vas au théâtre et tu as ton billet. Il ... ? Nous ... ? Vous ... ? etc.

Écrit

A. Travail au tableau

• On transcrit au tableau certaines des phrases sur lesquelles a porté le travail oral. (Présentation habituelle.)

> Nous allons au théâtre et nous avons notre billet.
> Vous allez au théâtre et vous avez votre billet.

Les élèves remarqueront que les terminaisons du verbe *aller* sont les mêmes que celles du verbe *avoir*. On justifiera la liaison ([nuzalɔ̃], [vuzale]).

B. Exercices collectifs

1. Relier pour faire des phrases correctes.

tu vous je il elles nous	as allons vais a allez ont vont	un billet d'entrée au théâtre au cirque des amis dans le monde du spectacle souvent au cinéma des tigres dans leur cirque à l'Opéra

2. Compléter. (Présentation habituelle.)

Nous ... souvent aux courses de taureau (*aller*). — Nous les ... beaucoup (*aimer*). — Elles ... beaucoup de charme (*avoir*). — ... allez en Espagne spécialement pour les voir.

C. Exercices individuels

• Voir **L. E.**, p. **64.**

142

QUATRIÈME PARTIE : LEÇONS B 12 à B 17
Le futur des verbes en -er

Introduction

1. Cette partie, centrée sur l'étude du futur, comprend les leçons suivantes :

LEÇON B 12. — **L'opposition présent / futur;**

LEÇON B 13. — **Futur simple avec** *je, tu il/elle, ils/elles* **et avec un GN;**

LEÇON B 14. — **Futur simple avec** *nous, vous;*

LEÇON B 15. — **Futur périphrastique avec** *je, tu, il/elle, ils/elles* **et avec un GN;**

LEÇON B 16. — **Futur périphrastique avec** *nous* **et** *vous;*

LEÇON B 17. — **Révision.**

2. On enseigne traditionnellement, après le présent de l'indicatif, le passé composé. C'est sans doute, effectivement, un temps grammatical dont l'élève a un besoin urgent.

Nous avons néanmoins considéré — la difficulté d'approche de ce temps composé (à participe passé variable) étant trop considérable — qu'il ne convient pas d'en commencer à ce moment l'apprentissage.

C'est donc le futur que nous opposerons d'abord au présent.

3. On doit distinguer entre l'expression linguistique du temps et les séries verbales propres à cet usage : sous le mot *temps,* on confond trop souvent le temps **chronologique** (présent, passé, futur) et le temps **grammatical** (passé composé, présent, imparfait, etc.).

L'expression linguistique du futur chronologique peut se faire :

• soit par le recours à des séries verbales spécifiques : **futur simple** (*je chanterai*); **futur périphrastique** (*je vais chanter*); **futur antérieur** (*j'aurai chanté*);

• soit par des locutions adverbiales faisant dévier vers le futur une série verbale qui ne lui est pas spécifique; par exemple : présent de l'indicatif (*demain, je pars*); passé composé (*j'ai terminé dans deux secondes*).

Nous bornerons pour l'heure notre approche au futur simple et au futur périphrastique.

4. Le futur périphrastique, formé de l'auxiliaire *aller* au présent et d'un infinitif, n'est pas habituellement enseigné dans nos classes. L'usage très fréquent qui en est fait engage à combler cette lacune.

5. L'opposition du futur simple et du futur périphrastique est générale-ment celle d'un événement conçu par l'émetteur comme coupé du présent (futur simple) et d'un événement conçu par l'émetteur comme rattaché au présent (futur périphrastique).

On peut ainsi distinguer : *Quand mes amis **vont venir**, je **vais leur faire** visiter le château* (les événements sont saisis en continuité avec le présent et paraissent « psychologiquement » proches) et *Quand mes amis **viendront**, je leur **ferai** visiter le château* (les événements sont coupés du présent, situés dans une autre histoire, et paraissent « psycho-logiquement » plus lointains).

Nous ne pensons pas que cette distinction soit à la portée d'un tout jeune enfant, d'autant qu'elle est loin d'être toujours aussi simple que dans les exemples que nous venons de proposer. Aussi limitons-nous la portée de ces séances à la maîtrise des formes, orales et écrites.

6. Historiquement, le futur simple français provient de la combinaison d'un verbe à l'infinitif et de l'auxiliaire *avoir* au présent. Nous retrouvons ainsi :

partir -ai / as / a → partirai, partiras, partira

Synchroniquement, la conservation de cette description pose de sérieuses difficultés :

- certains verbes y sont conformes à l'oral comme à l'écrit (*partir, finir,* etc.);

- d'autres verbes y sont conformes à l'oral mais non à l'écrit (*dire, boire,* etc.);

- d'autres verbes y sont conformes à l'écrit mais non à l'oral (*manger, parler,* etc.);

- d'autres enfin n'y sont conformes ni à l'écrit ni à l'oral (*venir, mourir, aller,* etc.).

Il reste que : *a)* le paradigme des désinences du futur simple est stable et peut être mis en parallèle avec le fonctionnement d'*avoir* au présent; *b)* le radical écrit du futur simple est, dans 80 p. 100 des cas, l'infinitif du verbe correspondant.

Dans la mesure où, à ce niveau, l'apprentissage d'une loi de conjugaison nous paraît utile essentiellement pour la pratique écrite, nous avons choisi de retenir ce modèle de description. Nous aurons ainsi :

- **description du futur périphrastique** (régulière dans tous les cas) : *aller* au présent + infinitif;

- **description du futur simple** : infinitif + désinence choisie dans un paradigme proche de celui du verbe *avoir* au présent (*-ai, -as, -a, -ons, -ez, -ont*).

N. B. — Nous n'envisagerons cette année que le futur des verbes en *-er* (sauf *aller*); nous n'aurons donc aucune irrégularité à aborder (cf. NOTE 1, p. 106).

7. TERMINOLOGIE introduite : par souci de simplicité, nous l'avons ramenée à **futur 1** (futur simple) et à **futur 2** (futur périphrastique).

1. L'opposition *présent* / *futur* ne peut que rester sommaire à ce niveau. On tentera seulement :

 • de la paraphraser, pour l'actualiser, par l'opposition d'un *maintenant* avec un paradigme *demain, bientôt, plus tard,* etc. ;

 • de faire découvrir que deux formes verbales sont aptes à exprimer le futur.

2. Il s'agit dans cette leçon de mettre en évidence une opposition de nature sémantique. C'est pourquoi nous faisons intervenir des questions comme : « Quand se passe cette action ? »

Cela ne signifie en aucune manière que nous abandonnions la définition implicite du verbe que nous utilisons depuis le début : « Le verbe se conjugue. » Quand il s'agira de le reconnaître dans un énoncé, on évitera donc la traditionnelle question : « Quel est le mot qui exprime l'action ? »

3. TERMINOLOGIE introduite : **présent, futur.**

N. B. — *a)* Le terme *futur* recouvre ici de manière globale *futur 1* et *futur 2.* — *b) Présent* sera désormais employé pour toutes les formes du présent de l'indicatif. — *c)* On voit que *présent* est introduit par opposition à *futur,* et inversement : il était jusqu'alors inutile de nommer une réalité linguistique que nous ne pouvions opposer à aucune autre.

4. Cette leçon est **entièrement collective.** On ne trouvera donc pas d'**exercices individuels** correspondants dans le livre de l'élève.

Oral

A. Dialogue dirigé

1. Passage au futur. Le maître pose des questions aux élèves afin de : *a)* faire apparaître l'opposition présent / futur ; *b)* faire « produire » aux enfants des phrases au futur. Par exemple :

Que fais-tu en ce moment, Frédéric ? → Je suis à l'école, j'écoute, je suis écolier. — Que feras-tu plus tard ? → Plus tard, je serai médecin. — Qui sera aussi médecin ? [. . .] Que peux-tu leur dire ? → Vous serez médecins. — Que peut-on dire de ces deux élèves ? → Ils seront médecins.

Que faisons-nous en ce moment ? → Nous travaillons. — Et tout à l'heure, que ferons-nous ? → Nous serons en récréation, nous allons jouer . . .

2. Opposition présent / futur. Partir d'une phrase au présent; par exemple : *En ce moment, je travaille.* Que se passe-t-il si l'on commence la phrase par *demain?* Deux solutions possibles : *Demain, je travaillerai. / Demain, je vais travailler.*

- *En ce moment, je travaille.* Quand se passe cette action? → Maintenant. — C'est le présent.

- *Demain, je travaillerai. / Demain, je vais travailler.* Quand se passe cette action? → Après ce que je fais maintenant. — C'est le futur.

B. Systématisation

1. Proposer des phrases au présent; les enfants doivent les mettre au futur. (Ex. — *Mon cousin est marin. Plus tard?* → *Plus tard, mon cousin sera marin. / Plus tard, mon cousin va être marin.*)

— Tous mes amis sont là. Dans quelques jours ... ? — Je suis en vacances. Demain ... ? — Elle prépare un gâteau. L'année prochaine ... ? — Nous travaillons pour devenir ingénieurs. Dans quelques années ... ? — Les mécaniciens réparent la voiture. Tout à l'heure ... ?

2. Proposer des phrases au futur; on opère des commutations sur le groupe sujet ou sur le verbe. Par exemple :

Ils prépareront un beau métier. Nous ... ? → Nous préparerons un beau métier. — Tu ... ? Vous ... ? Avoir? → Vous aurez un beau métier. Il ... ? — Nous allons travailler à l'usine. Il ... ? Tu ... ? Je ... ? Les ouvriers ... ?

Écrit

A. Travail au tableau

1. Opposition présent / futur. Transcrire deux phrases au tableau, par exemple :

> En ce moment je travaille chez moi.
> Demain je travaillerai à la banque.

Les élèves seront amenés à faire les remarques suivantes :

— La première action a lieu maintenant : c'est le présent;

— La seconde action aura lieu après la première, après ce que je fais maintenant : c'est le futur.

2. Description des deux futurs. On recherchera les groupes dans deux phrases écrites au tableau. (Présentation habituelle en groupes.)

> Demain, je travaillerai à la banque.
> Demain, je vais travailler à la banque.

Les élèves reconnaîtront dans le groupe rouge : *a*) le verbe *aller* au présent + l'infinitif du verbe conjugué (*vais travailler*); *b*) l'infinitif du verbe *travailler* + les terminaisons d'*avoir* au présent (*travaillerai*).

• Opérer des commutations au niveau du sujet pour vérifier que les lois découvertes restent vraies.

B. Exercices collectifs

1. Chercher les groupes jaunes et les groupes rouges; mettre le texte au futur.

Aujourd'hui, je travaille à l'usine. J'écoute les bruits. La machine bourdonne, les scies grincent, les marteaux frappent l'enclume, l'enclume résonne, le soufflet ronfle.

2. Chercher les groupes jaunes et les groupes rouges; mettre le texte au présent.

Plus tard, je réparerai les voitures. J'aimerai entendre le bruit des moteurs. Ils ronfleront dans mon garage. Le pont élévateur soulèvera la voiture. La pompe débitera de l'essence. Des jets d'eau laveront les automobiles.

• Aucun exercice écrit individuel ne sera demandé après cette leçon, qui reste une leçon de découverte.

Verbes en -er : futur simple   **B 13**
avec *je, tu, il/elle, ils/elles* et avec un GN

TERMINOLOGIE introduite : **Futur 1.**

SYMBOLISATION introduite : **F 1.**

Oral

A. Dialogue dirigé

1. Poser des questions entraînant l'utilisation successive du présent et du futur. Par exemple :

Maintenant, je travaille en classe; et demain? — Que fait le pilote d'avion en ce moment? Et demain? — Que fait le garagiste? Et tout à l'heure, que fera-t-il?

2. Lecture d'images représentant des jeux d'enfants sur la plage (utiliser le tableau de feutre, ou une gravure) : « Voici de jeunes amis. Que font-ils sur la plage, en ce moment? [...] Imaginons ce qu'ils feront tout à l'heure. »

B. Systématisation

1. Passage du présent au futur. Le maître donne des phrases au présent; les élèves doivent les reprendre au futur. (Ex. — *Le pilote dirige son avion → Le pilote dirigera son avion.*)

Mon père travaille dans un bureau → ... — Le mécanicien répare la voiture → ... — Tu exerces un beau métier → ... — Les facteurs portent les lettres → ... — Le menuisier rabote une planche → ... — Je travaille sur un bateau → ...

2. Commutations au niveau du groupe jaune. Le maître donne la phrase de départ et les entrées; chaque enfant reprend à son tour.

Il frappera sur l'enclume. Tu ... ? → Tu frapperas sur l'enclume.
— Ils ... ? Je ... ? — Elles travailleront sur une péniche.
Tu ... ? Il ... ? Je ... ? — Le facteur distribuera le courrier.
Il ... ? Tu ... ? Je ... ? — Les mécaniciens répareront le moteur. Ils ... ? Je ... ? Tu ... ? ...

Écrit

A. Travail au tableau

● On transcrit au tableau des phrases qui ont été utilisées à l'oral; on encadre les groupes et on opère des commutations au niveau du groupe jaune. (Ex. — *Il frappera sur l'enclume* → *Elles / tu / je / elle / ils.*)

● Indiquer que l'on vient ainsi de conjuguer le verbe au **futur 1;** les enfants pourront remarquer que l'on retrouve le verbe à l'infinitif et les terminaisons du verbe *avoir* au présent.

● Reprendre la même démarche avec d'autres verbes, afin de s'assurer que la loi trouvée vaut aussi pour les verbes en *-er*[1]. (Ex. — *Il distribuera le courrier / Ils répareront le moteur,* etc.)

B. Exercices collectifs

1. Relier les éléments des deux ensembles.

je	travailleras	chez un boucher
tu	pilotera	un avion
il	téléphonerai	au patron
elles	prépareront	le travail

---

1. En comparant oral et écrit, on insistera sur le fait que cette « loi » **ne rend compte que de l'écrit.** Pour ce qui concerne les verbes en *-er,* elle permet notamment d'éviter les habituelles difficultés que présentent des verbes comme *distribuer, lier,* etc. (cf. *distribuera, liera,* où le *e* « muet » est souvent omis par les élèves).

2. Faire fonctionner les machines.

Tu répareras le pneu. [i]→ ... Il taillera les arbres. [n]→ ... Elles taperont les lettres à la machine. [n]→ ...

3. Compléter le tableau.

	soignerai	creuseras	préparera	répareront
je	x			
ils				
tu				
elle				
	ce malade	le trou	un bon plat	le moteur

C. Exercices individuels

● Voir **L. E.**, p. 68.

B 14   Verbes en *-er* : futur simple
avec *nous* et *vous*

Révision : le futur 1 avec *je/tu/il/ils*

1. Rappel des formes orales dans un dialogue dirigé du type : « Que fais-tu en ce moment? Que feras-tu jeudi? Que fera Frédéric jeudi? Que feront Frédéric et sa sœur? ... »

2. Rappel des formes écrites au tableau.

Oral

A. Dialogue dirigé

1. Premier jeu. Distribuer à chacun des enfants des paquets de graines et les questionner tour à tour.

> Si tu sèmes tes graines, Christine, que récolteras-tu? → Je récolterai du blé. — Et toi, Christian? → Je récolterai du seigle. Et toi, Hervé? → Moi aussi. — Et vous, Patrick et Roger? → Nous récolterons de l'avoine. — Que pouvez-vous dire à Christian et Hervé? → Nous, nous récolterons de l'avoine et vous, vous récolterez du seigle ...

Poursuivre le dialogue avec *vous = toi, toi et toi; nous = eux et moi, vous et moi,* etc.

2. Deuxième jeu. Utiliser deux séries de cartons (*a* et *b*). Sur chaque carton est écrit un des groupes suivants (ou un équivalent) :

> *a)* en hiver — en automne — demain — plus tard — dimanche, ... ;
> *b)* je — le jardinier — papa — vous — les enfants — mon frère et moi, ...

On distribue deux cartons (un de chaque série) à chacun des élèves et on demande aux enfants de bâtir oralement des phrases au futur en utilisant les deux cartons qui sont en leur possession. (Ex. — *En hiver, les enfants auront des vêtements chauds.* — *Au printemps, le jardinier repiquera ses salades.*)

● A partir de ces phrases, un dialogue peut s'établir. (Ex. — *Jeudi, vous surveillerez votre petite sœur et moi je jouerai au loto.*)

3. Troisième jeu. Les élèves peuvent improviser et décrire de petites scènes à l'aide du tableau de feutre et de quelques figurines. Par exemple :

Nicole, Pierre et le chien Médor guettent le retour de papa. Quand il arrivera, nous sauterons à son cou, et Médor jappera . . .

B. Systématisation

● Reprendre le thème du premier jeu.

Que ferez-vous, Patrick et Roger, avec vos graines? → Nous les sèmerons. — Et que récolterez-vous? → Nous récolterons de l'avoine. — Et vous, Christian et Hervé? → Nous aurons du seigle.

Ils récolteront du seigle. Tu . . . ? → Tu récolteras du seigle. — Jean . . . ? Vous . . . ? Paul et toi . . . ? Lui et toi . . . ? Ces enfants et moi . . . ? Mon père . . . ? Sylvie . . . ? Je . . . ?

Écrit

A. Travail au tableau

● On transcrit au tableau deux des phrases qui ont été utilisées à l'oral. (Ex. — *Nous récolterons du maïs / Vous récolterez du maïs.*) On encadre les groupes. A partir de ces exemples, les enfants pourront dégager les remarques suivantes :

— Après *nous* et *vous* on n'ajoute, à l'infinitif, que la **terminaison** du verbe *avoir* au présent.

— Il faut bien reconnaître le groupe jaune ou le pronom qui le remplace pour ne pas commettre d'erreur :

-ons derrière *nous;*   *-ont* derrière *ils* ou *elles.*

B. Exercices collectifs

1. Relier et compléter les phrases.

	les jonquilles	accepterez	. . . . .
	il	cueillerons	. . . . .
	tu	tomberez	. . . . .
	nous	poserons	. . . . .
	je	remplaceront	. . . . .
	vous	jouera	. . . . .
elle et lui,	ils	couperai	. . . . .
Sylvain et toi,	. . .	arroseras	. . . . .
Corinne et moi,	. . .	arracheront	. . . . .

2. Reprendre la phrase en changeant le groupe jaune.

J'entourerai mes fleurs d'un papier gris. — Tu . . . — Elle . . .
— Pierre . . . — Pascale et toi . . . — Lui et toi . . .

C. Exercices individuels

- Voir **L. E.**, p. 68. _____

154

1. Nous avons déjà signalé combien il était difficile de formuler clairement l'opposition sémantique FUTUR SIMPLE / FUTUR PÉRIPHRASTIQUE (voir *Introduction* à la *Quatrième partie* de la SECTION B).

Une autre difficulté est de distinguer le futur périphrastique du verbe de mouvement *aller* + infinitif. Un énoncé comme *Je vais danser* est, en effet, ambigu : il peut signifier soit « je pars danser », soit « je danserai ».

Il n'est pas grave, à ce niveau, que l'enfant prenne l'un pour l'autre. (De toute façon, il est hors de question de lui faire distinguer les deux valeurs.)

Nombre d'énoncés de cette leçon pourraient être ambigus, mais l'ensemble étant axé vers le futur et des correspondances étant constamment établies avec le futur simple, l'ambiguïté est levée par le contexte.

Signalons que la distinction s'opère facilement si l'on sait qu'il est toujours possible de faire passer le verbe de mouvement *aller* au futur périphrastique (F2) ; ainsi, on peut opposer :

Je vais chercher le médecin. [F2]→ Je vais aller chercher le médecin.
Je vais partir. [F2]→ ? (*On obtient un énoncé inacceptable.*)

L'ambiguïté d'énoncés tels que *Je vais danser* est généralement levée par le contexte.

2. TERMINOLOGIE introduite : **Futur 2.** — SYMBOLISATION introduite : **F 2.**

N. B. — L'introduction des machines [F 1]→ et [F 2]→ est pratique pour la formulation des exercices écrits.

Oral

A. Révision

● **Le futur 1 des verbes en *-er*.** Les formes orales seront rappelées à l'occasion d'un dialogue sur le thème : LES SAISONS. Par exemple :

Quel temps fait-il aujourd'hui ? → Il fait beau, le soleil brille, les nuages filent dans le ciel. — Pourquoi ? → C'est le printemps. — Quelle saison suit le printemps ? → L'été. — Comment sera le temps ? → Le soleil brillera plus longtemps, les nuits diminueront, les enfants ne travailleront pas...

B. Dialogue dirigé

1. Passer du futur 1 au futur 2. Ici encore, on pourra recourir au thème de l'été. Par exemple :

En été, le soleil brillera plus longtemps, les nuits diminueront. Ne pourrait-on pas dire la même chose d'une autre façon? → Le soleil va briller, etc. — Que se passera-t-il encore? → Les paysans récolteront leurs céréales; les oiseaux gazouilleront dans les arbres ... — Et toi, tu te baigneras dans la mer. Peut-on formuler ces réponses d'une autre manière? → Les paysans vont récolter ...

2. Proposer quelques amorces de récits; les enfants devront inventer la suite de ces phrases. (Ex. — *Ma grand-mère se dirige vers la cuisine* → *Elle va préparer le repas, elle va surveiller le lait.*)

Le moineau ramasse des brindilles → ... — Tu enfiles ton cardigan → ... — Les papillons voltigent autour de l'ampoule électrique → ...

C. Systématisation

1. Passage du futur 1 au futur 2. Le maître lance une phrase au futur 1; chaque enfant, à son tour, la reprend au futur 2. (Ex. — *Les cloches sonneront* → *Les cloches vont sonner.*)

L'abeille bourdonnera → ... — Je couperai une branche de noisetier → ... — Tu apporteras des primevères → ... — On aidera le fermier → ... — Paul mènera ses vaches dans le pré → ... — Dick surveillera le troupeau → ... — Tu encourageras ton petit frère → ... — Stéphane grimpera en haut du pommier → ... — Je faucherai l'herbe de la prairie → ... — Les nuages cacheront parfois le soleil → ...

2. Passage du futur 2 au futur 1. Chaque enfant pourra proposer à son voisin une phrase au futur 2, et celui-ci la fera passer au futur 1 puis lancera lui-même une phrase au futur 2, etc.

Écrit

A. Travail au tableau

1. Transcrire une phrase au futur 2 et faire procéder à des commutations au niveau du sujet (*je / tu / il / elle / on / ils / elles*) et au niveau du verbe (avec, éventuellement, son complément). [Ex. — *Je vais grimper à la corde → Tu vas aider ta maman,* etc.]

2. Faire passer au futur 1 chacune des phrases transcrites au tableau. (Ex. — *Je vais grimper à la corde → Je grimperai à la corde,* etc.)

Les enfants pourront alors remarquer que :

— le futur peut se former de deux façons;

— le futur 2 se compose de deux éléments : le verbe *aller* au présent + le verbe conjugué à l'infinitif.

B. Exercices collectifs

1. Faire passer au futur 2.

Le rouge-gorge lancera un joyeux gazouillis. — Avec cette coiffure, tu ressembleras à un Indien. — Je donnerai mes plus beaux dessins à maman. — En classe, on distribuera de nouveaux livres de lecture. — Dans leur terrier, les lapins dresseront leurs oreilles.

2. Relier.

tu	vais cueillir	une fleur
je	vas chercher	un vase
elles	remplira	le vase
on	va poser	le vase sur le meuble
il	vont admirer	le bouquet

C. Exercices individuels

• Voir **L. E.,** p. 70.

B 16   Verbes en *-er* : futur périphrastique
avec *nous* et *vous*

---

1. Nous croyons utile de faire largement intervenir au cours de cette séance les transformations négative et interrogative, cette dernière principalement par inversion.

Le *F2* est en effet un temps composé, et les morphèmes correspondants s'introduisent non plus au niveau de tout le « groupe rouge », mais seulement à celui de l'auxiliaire :

Nous n'allons pas danser / Allons-nous danser?

Il s'agit de rendre ces opérations familières à l'enfant, surtout à l'écrit (il les manie couramment à l'oral, encore que, le plus souvent, il écrase le *ne* de la négation et utilise, pour l'interrogation, les autres types de transformation).

2. Il aurait été possible de faire intervenir ainsi [i]→ et [n]→ dès la leçon précédente; mais nous avons préféré y centrer l'attention sur l'opposition *F1* / *F2*.

Oral

A. Révision

• **Le présent et le futur 1 avec *nous/vous*.** Rappel des formes orales dans un dialogue dirigé du type :

Nous observons le poisson rouge dans son bocal. Que pouvons-nous dire encore? → Nous admirons, nous regardons ... — Si quelqu'un entre dans la classe, que nous dira-t-il? → Vous observez; vous admirez; vous regardez... — Si nous avons l'intention de l'observer plus tard, que pourrons-nous dire? → Nous l'observerons, etc. — Que pourra nous dire quelqu'un qui entrera dans la classe? ...

B. Dialogue dirigé

1. Continuer sur le même thème. Par exemple :

Aujourd'hui, vous regardez le poisson rouge; et demain que ferez-vous? → Nous le dessinerons. — Que pourrais-je vous dire? → Vous le dessinerez. — Après la classe, qu'allez-vous faire? → Nous allons nettoyer le bocal, nous allons changer l'eau, nous allons donner de la nourriture au poisson... — Que pourrais-je vous dire? → Vous allez nettoyer le bocal, etc.

2. Autres thèmes possibles : un dialogue entre enfants ou groupes d'enfants sur une trame proposée par le maître. Ainsi, un sujet tel que : « Vous avez projeté d'aller à la campagne pendant le week-end prochain avec vos parents. Un camarade curieux vous pose des questions » pourrait susciter un jeu de questions-réponses du type :

Où allez-vous loger, tes parents et toi? — Nous allons loger chez des amis fermiers. — Allez-vous visiter les environs? ...

● Ou encore : « Un camarade a décidé avec sa sœur d'adopter un chat. Vous lui posez des questions. »

C. Systématisation

1. Le maître pose des questions; les enfants répondent. On peut, par exemple, imaginer un dialogue entre un citadin et un paysan.

— Allez-vous bêcher votre champ? → Oui, je vais bêcher mon champ. — Cette nuit, la poule va-t-elle caqueter? → ... — Les agnelets vont-ils gambader dans le pré? → ... — Allons-nous discuter avec la fermière voisine? → ... — Le foin va-t-il embaumer la grange? → ... — Est-ce que je vais manger du lard fumé? → ... — Les chevaux vont-ils tirer la charrue? → ... — Est-ce que le coq va lancer son cocorico? → ...

2. Les enfants posent eux-mêmes les questions à leurs camarades, chacun à son tour jouant le rôle du citadin.

Écrit

A. Travail au tableau

1. Transcrire quelques phrases au tableau. (Présentation habituelle.)
Par exemple :

Nous allons rentrer le foin.	Nous rentrerons le foin.
Vous allez manger du lard fumé.	Vous mangerez du lard fumé.

Les enfants feront deux séries de remarques : *a)* on a écrit deux fois les mêmes phrases, et chaque fois au futur : d'abord au futur 2, ensuite au futur 1; *b*) Le futur 2 est formé du verbe *aller* au présent et d'un infinitif; après les sujets *nous / vous,* on retrouve les terminaisons *-ons / -ez.*

2. Faire passer les phrases à la forme interrogative.

Allons-nous rentrer le foin?   Allez-vous manger du lard fumé?

On remarquera les places respectives du « groupe jaune » et du verbe *aller.*

B. Exercices collectifs

1. Relier et compléter.

tu			
elle			
lui et moi	vont atteler	. . . .
nous	allons moissonner	. . . . . .
ils	vas récolter	. . . . . .
Bruno et moi	vais planter	. . . . . .
les fermiers	va arroser	. . . .
je			

2. Faire passer dans les machines.

Nous arpentons le terrain. [F 2]→ ... / [F 1]→ ... — Vous étalerez le foin. [P]→ ... / [F 2] → ... — Tu vas respirer l'air pur. [P]→ ... / [F 1]→ ... — Je ramasse les œufs frais. [F 2]→ ... / [F 1]→ ... — Les vaches vont rentrer à l'étable. [i]→ ... / [n]→ ... — Nous allons écrémer le lait. [n]→ ... / [i]→ ...

C. Exercices individuels

• Voir **L. E.,** p. 72.

Le futur simple et le futur périphrastique B 17
Révision

Oral

A. Dialogue dirigé

1. Distribution de rôles. On propose aux enfants d'imaginer une scène et de se distribuer les rôles. Par exemple : « Imaginez que vous allez acheter un animal. Comment va se dérouler la scène ? » On obtiendra un énoncé du type suivant :

> Toi, tu seras le marchand, nous, nous allons acheter un animal. Je vais entrer dans la boutique. Nous allons regarder les chiens, les chats, et nous allons discuter pour savoir ce que nous allons acheter. Tu vas demander ce que nous voulons, et tu vas nous aider à choisir...

• Les enfants pourront proposer eux-mêmes des thèmes : organisation de jeux pour la récréation, préparation de saynètes, etc.

2. Jeu-concours. La classe est divisée en deux équipes. La première équipe propose un verbe au présent, la seconde doit immédiatement le transformer à la même personne du futur 1. On compte les erreurs pour déterminer quelle est l'équipe victorieuse.

• DEUXIÈME· MANCHE. — Le verbe est mis au futur 2. — TROISIÈME MANCHE. — Le verbe est proposé au futur 1 et doit être transformé au futur 2.

3. « Pigeon vole ». Le maître propose une série de verbes conjugués, et les enfants lèvent le doigt chaque fois qu'ils reconnaissent un verbe au futur 1. Dans un deuxième temps, les enfants lèvent le doigt chaque fois qu'ils reconnaissent un verbe au futur 2. Dans un dernier temps, on demande aux enfants de lever un bras quand ils reconnaissent un verbe au futur 1, les deux bras quand ils reconnaissent un verbe au futur 2.

161

B. Systématisation

1. Procédure habituelle (jeu de questions), si l'on s'aperçoit que les enfants ont encore des difficultés à manier le futur 1 ou le futur 2.

2. Jeu en furet. Remplace, si les élèves paraissent à l'aise, l'exercice précédent. Le maître propose un verbe conjugué au futur 1 à un enfant qui le transforme au futur 2; puis, celui-ci propose à son voisin un verbe au futur 1, qui doit être transformé au futur 2, etc.

● VARIANTE. — Le verbe pourra être proposé au présent et transformé au futur 1, puis au futur 2.

Écrit

A. Travail au tableau

● A partir d'un exemple de base et par des commutations successives (*je / tu / il / elle / on / ils / elles / nous / vous*), on réécrira les conjugaisons du futur 1 et du futur 2. (Ex. — *Je chanterai; je vais danser. Tu chanteras; tu vas danser...*)

Les remarques pourront porter sur le nombre différent des marques perçues à l'oral et à l'écrit.

B. Exercices collectifs

● Les enfants pourront proposer eux-mêmes à leurs camarades des formes verbales et demander les transformations de leur choix. Par exemple :

Je vais acheter un chien. [F 1]→ ... — Nous trouverons un petit animal. [F 2]→ ... — Paul admire le poil de ce chat. [F 1]→ ... / [F 2]→ ...

C. Exercices individuels

● Voir **L. E.**, p. **76.**

CINQUIÈME PARTIE : LEÇONS B 18 à B 21

Être au présent

Introduction

1. Cette partie, consacrée à l'apprentissage du verbe *être* au présent de l'indicatif, comporte les leçons suivantes :

LEÇON B 18. — **Etre au présent avec *je* / *tu*;**
LEÇON B 19. — **Etre au présent avec *il/elle*, *ils/elles* et avec un GN;**
LEÇON B 20. — **Etre au présent avec *nous*;**
LEÇON B 21. — **Etre au présent avec *vous*.**

2. *Etre* étant le verbe le plus fréquent du français, on doit l'enseigner très tôt. Les difficultés qu'il soulève nous ont néanmoins conduits à ne l'approcher qu'en cette fin de C. E. 1.

3. Ces mêmes difficultés justifient que quatre séances soient consacrées à les réduire.

4. On se contente généralement, en conjugaison, de faire apprendre un paradigme (*je suis, tu es, il est,* etc.), c'est-à-dire de proposer à l'élève des séquences inutilisables telles quelles (un énoncé comme *tu es* a une probabilité d'emploi très faible...).

Cette vue purement morphologique des phénomènes nous semblant contestable, nous proposons d'inclure *être* dans des énoncés attributifs — les plus difficiles à maîtriser — et d'aborder de front :

• la conjugaison du verbe;

• la contrainte morpho-syntaxique propre aux énoncés attributifs, c'est-à-dire la relation genre-nombre qui existe entre le sujet et l'attribut.

1. Le travail porte à la fois sur la reconnaissance écrite de nouvelles formes verbales et sur l'accord sujet-attribut. Du même coup, on se heurtera à deux difficultés qui imposent des précautions :

• La reconnaissance écrite des formes verbales pose le problème de la confusion entre *es* (verbe *être*) et *ai* (verbe *avoir*); il sera donc utile de faire intervenir de nouveau le présent d'*avoir;*

• L'accord sujet-attribut pose le problème de l'ambiguïté en genre de *je / tu;* cette leçon doit donc absolument être précédée de A 18 (comme B 19 de A 19, etc.) et donner lieu à une large utilisation des machines [fém.]→ et [masc.]→.

2. Afin de mieux opposer les adjectifs en genre, il est recommandé d'appuyer un adjectif non marqué à l'oral (*ému / émue*) sur un autre qui l'est (*bon / bonne*).

D'où des exemples comme : *Je suis courageuse et appliquée.*

3. C'est volontairement que nous soumettons à l'élève des adjectifs qui lui poseront des problèmes, comme : *énorme, aimable,* etc.

4. La référence aux *Fables* de La Fontaine (ORAL, SYSTÉMATISATION) est évidemment là à titre indicatif; si les enfants les ignorent, on choisira une autre motivation.

Oral

A. Dialogue dirigé

1. **Poser des questions** entraînant la production d'énoncés : *a)* avec *je suis / tu es* + complément; *b)* avec *je suis / tu es* + attribut. Par exemple :

— Où es-tu en ce moment, Corinne? → Je suis dans la classe. — Et toi, Frédéric? → Je suis aussi dans la classe. — Que peux-tu dire à Corinne? → Toi, Corinne, tu es dans la classe...

— Georges, es-tu content d'être dans la classe? → Oui, je suis content d'être dans la classe. — Et toi, Régine? → Moi aussi, je suis contente d'être dans la classe, parce que j'aime travailler. — Georges aime travailler, que peut-on lui dire? → Tu es courageux, tu es studieux, tu es attentif... — Que peut-on dire également à Régine? ...

2. Jeu de devinettes. Les élèves viennent à tour de rôle au tableau par équipes de deux; le maître commence le jeu en proposant un ou deux exemples.

Je suis gros, j'ai une trompe → Tu es l'éléphant. — Je suis léger et je vole de fleur en fleur → Tu es le papillon...

● Même jeu, mais il s'agira cette fois de deviner des métiers. (Ex. — *Je suis dans un magasin où on trouve des conserves → Tu es épicier.*)

B. Systématisation

● **Jeu de devinettes.** Le maître donne une information sur un animal et invite les enfants à penser aux *Fables* de La Fontaine pour deviner de qui il s'agit. Il posera lui-même les premières questions, puis les enfants pourront se substituer à lui. (Ex. — *Je suis glouton → Tu es le lion.*)

On pourra ainsi voir défiler le loup (cruel), la fourmi (économe), le renard (rusé), la grenouille (envieuse), l'agneau (doux), le lièvre (fanfaron), le chat (ingrat), etc.

Écrit

A. Travail au tableau

1. Reconnaissance écrite. Transcrire deux phrases. (Ex. — *Je suis dans la classe / tu es dans la classe.*) Demander aux élèves d'entourer le groupe jaune et le groupe rouge, puis de chercher l'infinitif du verbe. Les enfants seront amenés à remarquer que, comme l'auxiliaire *avoir*, *être* se conjugue différemment des verbes en *-er* étudiés jusqu'à présent.

2. Comparaison des formes orales et écrites. On partira de phrases écrites au tableau et lues à voix haute.

Georges dit : « Je suis courageux, je suis appliqué. » — Régine dit : « Je suis courageuse, je suis appliquée. » — On dit à Georges : « Tu es courageux, tu es appliqué ». — On dit à Régine : « Tu es courageuse, tu es appliquée. »

Les élèves seront invités à rechercher les différences : *a)* entendues à l'oral; *b)* remarquées à l'écrit. Ils parviendront ainsi aux conclusions suivantes :

• Quand Georges parle, *je* est masculin, l'adjectif se met au masculin; quand on s'adresse à Georges, *tu* est masculin, l'adjectif se met au masculin;

• Quand Régine parle, *je* est féminin, l'adjectif se met au féminin; quand on s'adresse à Régine, *tu* est féminin, l'adjectif se met au féminin.

B. Exercices collectifs

1. Conjuguer au masculin, puis au féminin, avec *je* et *tu*.

Etre orgueilleux — être bavard — être ingrat — être appliqué.

2. Ecrire « masculin » ou « féminin » dans la parenthèse.

Je suis lourd (. . .). — Tu es polie (. . .). — Je suis endormie (. . .). — Tu es bizarre (. . .). — Je suis énorme (. . .). — Tu es curieux (. . .). — Je suis bonne (. . .). — Tu es absent (. . .).

3. Compléter par *avoir* ou *être* conjugué au présent.

je	. . .	au jardin zoologique
tu	. . .	
j'	. . .	un chien de chasse

C. Exercices individuels

• Voir **L. E.,** p. 78. _____

> **1.** Lors du travail au tableau, il faudra insister sur l'analyse des formes
> *es* / *est* : distinction à l'écrit; similitude, parfois, à l'oral (lorsqu'il
> n'y a pas de liaison ou lorsqu'elle n'est pas faite).
>
> **2.** TERMINOLOGIE introduite : néant.

Oral

A. Révision

• *Etre* **avec** *je* **et** *tu.* Cette révision pourra être menée sous la forme
d'un dialogue du type :

Es-tu content d'être bientôt en vacances? → Oui, je suis content.
— Et toi, Christine? → Je suis contente aussi. — Que peut-on dire
à Sylvain? → Tu es content d'être bientôt en vacances. — Et à
Christine? . . .

B. Dialogue dirigé

1. Motivation : LES VACANCES. — Le maître invite les enfants à parler
de leurs projets de vacances. Il procède par questions.

Où comptes-tu partir cet été, Bruno? → A Paris, j'aime beaucoup
notre capitale. Elle est vivante, etc. — Et toi, Christian? → J'irai
sur la Côte d'Azur. Le soleil y est très chaud, la mer est calme, le
sable est brûlant. . .

• Le maître s'adresse ensuite à toute la classe.

Je me demande si Frédéric est content d'être bientôt en vacances →
Oui, il est content. / Non, il n'est pas content. — Et Catherine? Que
peut-on se demander à son propos? → Je me demande si Catherine
est contente d'être bientôt en vacances. → Oui, elle est contente. /
Non, elle n'est pas contente. — Pourquoi?. . .

2. Autre thème possible : chaque enfant présente son père ou sa mère, ou une autre personne qui lui est familière.

C. Systématisation

• Les entrées sont données par le maître; les enfants reprennent à tour de rôle. Par exemple :

Je suis content d'être bientôt en vacances. Paul ... ? → Paul est content d'être bientôt en vacances. — Tu ... ? Paul et Jean ... ? Elle ... ? Sophie ... ? — Heureux? → Sophie est heureuse ... — Ma petite sœur ... ? Mes parents ... ? Toutes les élèves ... ? Jacques ... ? — D'avoir un petit chien? → Jacques est heureux d'avoir un petit chien, etc.

Écrit

A. Travail au tableau

1. Transcrire quelques exemples au tableau en entourant les groupes jaune et rouge.

Jacques est heureux.   Mes parents sont heureux.
Sophie est heureuse.   Mes petites sœurs sont heureuses.

Les enfants constateront que le verbe conjugué est *être* au présent et que, dans ce cas, l'adjectif s'accorde en genre et en nombre avec le groupe jaune.

2. Commutations : *a*) au niveau du groupe jaune (faire remplacer les sujets par des pronoms); *b*) au niveau de l'adjectif (faire chaque fois justifier l'orthographe).

Il est heureux.   Ils sont heureux.
Il est contènt.   Ils sont contents.
Elle est heureuse.   Elles sont heureuses.
Elle est contente.   Elles sont contentes.

B. Exercices collectifs

1. Conjuguer avec *je / tu / il / elle / ils / elles*.

Etre fort — être méchant — être doux — être grand.

2. Faire les transformations demandées.

Je suis très heureuse [masc.]→ ... — Tu es trop méchant
[fém.]→ ... — Il est bavard [fém.]→ ... — Ils sont énervés
[sing.]→ ... — Elle est sauvée [masc.]→ ... — Je suis connue
[masc.]→ ...

3. Faire une phrase avec ces groupes jaunes et avec le verbe *être*.

Les hommes courageux — cette dame inquiète — mes vacances.

C. Exercices individuels

● Voir **L. E.**, p. 80.

Être : présent avec *nous*

Cf. les remarques de A 20, qui est symétrique de cette leçon.

Oral

A. Dialogue dirigé

1. Procédure habituelle. Engager un dialogue du type :

Bruno et Pascal, où êtes-vous en ce moment? → Nous sommes dans la classe et nous travaillons. — Lorsque vous êtes en récréation, que faites-vous? → Lorsque nous sommes en récréation, nous jouons. — Etes-vous contents lorsque les vacances approchent? ...

2. Lecture d'un texte. Lire, par exemple, une lettre provenant d'amis en vacances.

Nous sommes en avion. Nous survolons les nuages; ils sont blancs et ouateux. Tout à l'heure nous atterrirons. Nous sommes contents, mais nous pensons à vous. Nous sommes heureux à la pensée de vous voir bientôt.

A partir d'une relecture de la lettre, demander aux enfants de faire la chasse aux phrases contenant le verbe *être* au présent.

B. Systématisation

• Le maître propose la phrase de départ et les entrées; les enfants reprennent à tour de rôle.

Tu es en France depuis un an. Il ... ? → Il est en France depuis un an. — Je ... ? Nous ... ? Habiter? → Nous habitons en France depuis un an. — Il ... ? Je ... ? Mes cousins ... ? — Il est en vacances dans les Alpes. Je ... ? Tu ... ? Nous ... ? Elle ... ? Aller? Tu ... ? Nous ... ? — Elles sont contentes de voyager en avion. Tu ... ? Il ... ? Nous ... ?

A. Travail au tableau

• Transcrire au tableau deux phrases du type : *Jean et Pascal disent :*
« Nous sommes contents de voyager en avion. » / *Sophie et Anne disent :*
« Nous sommes contentes de voyager en avion. »
Entourer les groupes jaunes et rouges et provoquer les remarques :
— Le verbe employé est le verbe *être* au présent;
— Après le groupe jaune *nous,* on trouve le groupe rouge *sommes;*
— Pour accorder l'adjectif, il faut savoir si *nous* est du féminin ou
du masculin (voir Leçon A 20).

B. Exercices collectifs

1. Relier.

je	sommes	en vacances
tu	es	au Cameroun
nous	a	une villa sur la côte
elle	suis	fière de prendre l'avion
ils	sont	curieux

2. *Nous* est-il masculin ou féminin?

Nous sommes heureux de voyager. — Nous sommes joyeuses à la
pensée de partir bientôt. — Nous sommes désolées de n'avoir pu
partir. — Nous sommes désolés de vous quitter.

3. Faire les transformations demandées.

Nous sommes en Espagne. [i]→ ... — Ils sont attentifs au paysage.
[n]→ ... — Je suis heureuse de ton travail. [e]→ ...

**4. Compléter par *être* au présent et écrire correctement les mots
entre parenthèses.**

« Je ... (curieux) de voir la mer », dit Nicole. — « Nous ...
(étourdi) par le bruit de la locomotive », répliquent les filles.

C. Exercices individuels

• Voir **L. E.,** p. 80.

B 21   *Être* : présent avec *vous*

---

1. La difficulté essentielle est ici l'accord de l'attribut avec un sujet ambigu : *a*) en genre; *b*) en nombre (*vous* de pluralité, *vous* de politesse).

N. B. — Voir la leçon A 21 (p. 98), qui doit obligatoirement précéder cette séance.

2. TERMINOLOGIE introduite : néant.

Oral

A. Dialogue dirigé

● Procédure habituelle, un enfant remplaçant le maître après la phase de démarrage. Le dialogue pourra se dérouler suivant un schéma du type :

> — Bruno et Hervé, dans quel pays êtes-vous? → Nous sommes en France. — Dans quelle ville? → Nous sommes à Lille. — Et vous, Corinne et Christiane, de quelle ville êtes-vous? [. . .] — Et toi, Roger, où es-tu né? → Je suis né à Rouen, je suis de Rouen. — Anne, que peux-tu dire à Roger? → Tu es de Rouen et moi, je suis de Lille. Nous ne sommes pas de la même ville. — Et vous, Régis et Patrick, êtes-vous de Lille? . . .

> Si, dans un train, vous rencontrez des personnes qui vous déclarent : « Nous habitons au Mexique », que pouvez-vous leur dire? → Vous êtes Mexicains. — Et si elles vous disent : « Notre pays est le Brésil »? . . .

B. Systématisation

● Pour commencer l'exercice, le maître donne les phrases de départ et les entrées; puis les enfants le remplacent à tour de rôle.

L'Italie est un pays accueillant et ensoleillé. Je me pose la question pour l'Allemagne et la Hollande : ces pays ... ? → Ces pays sont-ils accueillants et ensoleillés? — Pour Trieste et Belgrade : ces villes ... ? Pour la Guadeloupe : la Guadeloupe ... ?

Je rencontre des habitants de ces régions et je leur pose des questions. Etes-vous sportifs? → Oui, nous sommes sportifs. — Etes-vous musiciens? Etes-vous gais? Etes-vous croyants? Etes-vous en république? ...

Écrit

A. Travail au tableau

● Transcrire quelques phrases au tableau; par exemple :

Monsieur,	vous êtes gai	et souriant.
Madame,	vous êtes gaie	et souriante.
Jean et Marc,	vous êtes gais	et souriants.
Anne et Marie,	vous êtes gaies	et souriantes.

Entourer les groupes jaunes et rouges, et provoquer les remarques des enfants : a) le verbe employé est le verbe *être* au présent; b) après le groupe jaune *vous,* on trouve le groupe rouge *êtes; c)* pour accorder l'adjectif, il faut savoir ce que représente *vous,* autrement dit : à qui l'on parle.

B. Exercices collectifs

1. *Vous* est-il masculin ou féminin?

Lui et toi, vous êtes Lillois. — Elle et vous, vous êtes Marocaines. — Elle et toi, vous êtes Anglaises. — Eux et toi, vous êtes Roumains. — Elles et toi, vous êtes Hongrois.

2. Même exercice. (Susciter une discussion sur la deuxième phrase.)

Elle et toi, vous êtes Japonaises. — Vous, madame, vous êtes Française. — Toi, Pierre, et toi, Marc, vous êtes Français. — Vous n'êtes pas des étrangers.

3. Relier et compléter.

vous elles nous il tu ils je	est suis sont es sommes êtes	. . . .

C. Exercices individuels

- Voir **L. E.**, p. 82.

SECTION C

EXERCICES STRUCTURAUX

Dans le manuel de l'élève : GRAMMAIRE NOUVELLE POUR LE C. E. 1 ne figurent pour cette section C que les exercices écrits de révision :

C 10 — Sur les pronoms possessifs (p. 84).
C 12 — Sur la phrase négative (p. 86).
C 18 — Sur la phrase interrogative (p. 87).

Ces exercices ne sont pas repris ici.

REMARQUES PRÉLIMINAIRES

Objet des exercices structuraux

1. Le lecteur voudra bien se reporter aux pages de l'*Introduction géné-rale* consacrées à cette section, ainsi qu'à un article traitant des mêmes problèmes et à la bibliographie qui l'accompagne : « Expression libre et apprentissage des mécanismes : l'exercice structural à l'école élémen-taire », par E. GENOUVRIER (*Langue française,* n° 6, pp. 48-59, Larousse).

2. S'agissant d'exercices de type non réflexif et ponctuel sur la langue maternelle des élèves, on ne saurait, comme dans les deux autres sections de ce manuel, décider d'une progression tendant à la rigueur et à la logique : on peut aussi bien, au C. E. 1, travailler le verbe que le *GN* ou la phrase, partir du système interrogatif, ou de la négation, ou des pronoms...

Mais il faut de toute façon commencer. Et, si le choix du point de départ reste assez arbitraire, décider de ce qui suit l'est moins : dès le moment, en effet, où l'on a convenu d'approcher telle série morpholo-gique, par exemple, la structure même de cet ensemble impose une stratégie.

La progression que nous avons retenue est ainsi arbitraire dans sa grande masse, mais moins dans son détail — d'autant, d'ailleurs, qu'elle est souvent en relation avec les sections A et B, comme nous le verrons.

Elle n'interdit évidemment pas au maître de construire quelques exercices parallèles pour corriger, le cas échéant, telle pratique défail-lante que nous n'aborderions pas ici, parce que spécifique d'un groupe d'élèves ou d'une classe entière (nous songeons, par exemple, aux régio-nalismes).

3. Les grandes lignes de la progression adoptée sont les suivantes :
a) Les déterminants référents et leurs correspondances pronominales (leçons C 1 à C 10);
b) Les déterminants quantifiants et leurs correspondances pronomi-nales (leçons C 11 à C 13);
c) Les pronoms et adjectifs interrogatifs (initiation qui se poursuivra au C. E. 2).

N. B. — Nous reviendrons sur le problème des déterminants. Disons qu'il s'agit pour l'instant des morphèmes *le, ce, mon, un, quelques, plusieurs,* etc.

4. Notre choix a donc porté sur le travail du *GN,* plus exactement des déterminants et des pronoms les plus fréquents :

- parce que les sections A et B conduisent au travail du verbe et de la syntaxe générale de la phrase;

- parce que ces deux séries de morphèmes sont très importantes dans la morpho-syntaxe du français.

Les deux séries sont, le plus souvent, en correspondance (cf. pronoms et adjectifs démonstratifs, possessifs, indéfinis). Il était donc normal de les étudier parallèlement — et indispensable de conduire l'enfant à passer aisément de l'une à l'autre.

Principe de l'exercice structural

1. Dans la compétence linguistique d'un enfant (comme d'ailleurs d'un adulte), il faut distinguer :

a) ce qu'il est capable de recevoir et d'émettre (morpho-syntaxe active);

b) ce qu'il est capable de recevoir, mais non d'émettre (morpho-syntaxe passive);

c) ce qu'il est capable d'émettre, mais de manière incorrecte (morpho-syntaxe fautive);

d) ce qu'il n'est capable ni d'émettre ni de recevoir (morpho-syntaxe absente).

Le rôle des exercices structuraux est évidemment de contribuer à faire passer *b, c, d* en *a.* Il ne s'agit donc pas exclusivement d'une pédagogie corrective *(c),* encore que celle-ci soit souvent en cause.

2. Dans son principe, l'exercice structural vise, à partir de consignes données, à faire réaliser par l'enfant des énoncés où soient intégrés les éléments morpho-syntaxiques que l'on s'est proposé de travailler.

Nous répétons (voir *Introduction générale*) qu'**il ne s'agit pas de faire mémoriser des énoncés tout faits :** un tel exercice conduirait tout au plus l'enfant à accumuler un petit glossaire de phrases. On doit, au contraire, parvenir à s'extraire de modèles phrastiques figés, « difficiles à replacer dans la conversation » (cf. ceux que proposent souvent, pour les langues étrangères, certains guides touristiques); ce qui importe précisément, c'est de faire acquérir à l'enfant les automatismes morpho-syntaxiques qui le mettent en mesure de **produire** des énoncés aussi divers que possible, comme nous le faisons à chaque instant.

Il s'agit donc, à chaque séance, de choisir les éléments linguistiques à mettre en œuvre et de les faire fonctionner :

- **en opposition** (indicatif / subjonctif; déterminant *le* / déterminant *ce;* pronom de 1re personne / pronom de 2e personne, etc.);

- **en corrélation** (déterminant démonstratif + nom ↔ pronom démonstratif; actif ↔ passif, etc.).

3. Apparemment simple dans son principe, l'exercice structural est difficile à conduire, surtout en langue maternelle : en effet, l'enfant dispose d'une compétence linguistique déjà suffisamment élaborée pour se mouvoir dans un dialogue; il est ainsi capable de fuir inconsciemment l'exercice qui lui est proposé en produisant des équivalences approximatives. Il faut au maître beaucoup de doigté pour lui laisser suffisamment d'initiative, tout en le tenant à l'intérieur de quelques consignes précises et strictes.

C'est une technique pédagogique nouvelle en France : il faut s'y adapter et accepter quelques difficultés provisoires. On s'apercevra d'ailleurs que les jeunes élèves prennent beaucoup d'intérêt à ces courtes séances, y voyant une manière de jeu.

Conduite de la leçon

1. Il nous paraît capital de bannir la réflexion de ces séances. Les consignes ne devront donc pas être : « Nous allons remplacer *le* par *ce* », etc., mais :

« Ecoutez-bien : *le lilas que voici / ce lilas; la rose que voici / cette rose.* A vous : *les fleurs que voici...* »

De même, on ne doit pas interrompre un exercice par des remarques de ce genre : « Vous voyez, dans cette phrase, j'ai fait ceci ou cela », etc. Il s'agit de multiplier les énoncés, d'aller le plus vite possible.

2. Dans la partie SYSTÉMATISATION, **entrée** est à prendre au sens de : énoncé — ou partie d'énoncé — donné par le maître et à partir duquel l'enfant doit réaliser une phrase selon une consigne. Par exemple, dans le premier exercice de la leçon C 1 :

MAÎTRE. — Ecoutez bien : *donnez-moi ces roses / des tulipes; donnez-moi ces tulipes* (consigne). A vous : *un œillet* (entrée).

ELÈVE. — Donnez-moi cet œillet.

3. Le signe → indique qu'une phrase B est à réaliser en correspondance avec une phrase A précédemment donnée.

Si la phrase B est suivie d'une barre transversale (/) et d'une autre phrase (C), c'est qu'à la phrase A correspondent deux phrases successives B et C. Dans ce cas, trois interlocuteurs sont engagés. Ainsi, dans le quatrième exercice de la leçon C 1 (ORAL, SYSTÉMATISATION), il faut lire :

MAÎTRE. — *Ce rosier est à mon père → Voici le rosier de mon père / Voici son rosier* (consigne). *A Catherine* (entrée).

ELÈVE X. — *Voici le rosier de Catherine.*

ELÈVE Y. — *Voici son rosier.*

4. Le maître décidera de la forme exacte à donner à la partie écrite : exercices collectifs à partir d'énoncés écrits au tableau, exercices individuels, ou les deux... Il nous a donc semblé préférable de ne pas l'inclure, sauf exceptions[1], dans le manuel de l'élève.

N. B. — Nous insistons de nouveau sur le danger qu'il y aurait à développer outre mesure cette partie écrite : la grammaire ne doit en aucun cas dévorer l'horaire de français. **Ces remarques valent pour toutes les séances.**

---

1. Nous avons, en effet, jugé utile de consacrer les 10e, 12e et 18e séances de la SECTION C uniquement à des batteries **écrites** qui portent sur des questions préalablement traitées à l'oral. Dans ce cas, il n'y aura pas d'exercices oraux la même semaine. Du même coup, les leçons C 10, C 12 et C 18 se trouvent reportées dans le manuel de l'élève.

PREMIÈRE PARTIE : LEÇONS C 1 à C 10

Les déterminants référents
et les pronoms correspondants

Introduction

1. Cette première partie comprend les leçons suivantes :

N. B. — Est sous-entendu le travail des variantes en genre et en nombre de ces déterminants et pronoms.

2. Le modèle fondamental de la phrase repose sur la combinaison d'un **syntagme nominal** et d'un **syntagme verbal**; ce que l'on peut écrire :

$$P \rightarrow SN + SV^1$$

---

1. Le signe → peut se traduire par : « se réécrit », le signe + par : « est accroché à ».

Le modèle fondamental du SN est :

$$SN \rightarrow \left\{ \begin{array}{l} D + N \\ Pr \\ Npr \\ P \end{array} \right\}$$

ce qui signifie qu'un *SN* est formé soit :

— d'un déterminant + un nom (*D + N*) : **Ce chien** m'étonne.
— d'un pronom (*Pr*) : **Il** m'étonne.
— d'un nom propre (*Npr*) : **Dick** m'étonne.
— d'une phrase (*P*) : **Que ce chien n'aboie pas** m'étonne.

3. Le déterminant a ainsi un rôle fondamental :

• C'est le morphème qui permet à un nom d'entrer dans un *SN* (par exemple, aucun nom commun ne peut, sans déterminant, avoir la fonction sujet) ;

• Il porte la marque du genre et du nombre du *SN*. (L'opposition singulier / pluriel de *ce chien / ces chiens* est essentiellement marquée par le déterminant, l's qui suit le substantif pluriel étant une marque purement graphique.)

Le pronom a pour rôle de se substituer à l'ensemble *D + N* (*ce chien* ↔ *celui-là; mon chien* ↔ *le mien*). Il est donc en étroite relation avec le déterminant.

4. Pour obtenir la liste des déterminants du français, il suffit de procéder à des commutations au niveau de l'un quelconque d'entre eux :

$$\left. \begin{array}{l} \textbf{Ce} \\ \textbf{Le} \\ \textbf{Son} \\ \textbf{Mon} \\ \textbf{Un} \\ \textbf{Ton} \end{array} \right\} \text{chien aboie.}$$

5. On distingue dans la série deux grandes familles :

a) Celle des morphèmes *le / ce / mon* (et les variantes) que l'on appelle des **référents** (leur rôle est de **renvoyer** le récepteur de l'énoncé qui les contient à une information externe ou interne à cet énoncé). Dans la phrase : *Voici la chambre, la* renvoie à des éléments d'information non exprimés linguistiquement, mais clairs dans la situation de communication commune à l'émetteur et au récepteur (c'est la chambre retenue au téléphone, unique dans l'appartement que l'on a visité, etc.). Dans cette autre : *Voici la chambre de Paul, la* renvoie à des éléments d'information exprimés linguistiquement — en l'occurrence par le *GN* prépositionnel : *de Paul.*

N. B. — On remarquera que la commutation *mon / bon,* etc., est impossible ; en nommant « adjectif » aussi bien *mon / ce / deux* que *bon / noir / louche,* la grammaire traditionnelle confond donc deux séries paradigmatiques distinctes (en même temps qu'elle dissocie les éléments d'une série homogène quand elle parle d'article à propos de *le* et d'adjectif à propos de *mon*). Nous appellerons, quant à nous, *déterminants* les uns et *adjectifs* les autres (« qualificatifs » devient, de ce fait, un terme inutile). Voir aussi, sur ce point, pp. 65 et 66.

b) Celle des morphèmes *un / plusieurs / des / quelques / chaque / du / deux (trois, quatre...*) que l'on appelle des **quantifiants** (leur fonction sémantique est, en effet, de situer le nom quantitativement) ; les relevés statistiques montrent que la fréquence des référents est beaucoup plus élevée que celle des quantifiants[1].

---

1. Il ne nous est pas possible ici de reprendre l'étude théorique des déterminants, telle que l'a, par exemple, conduite J. Cl. CHEVALIER (« Eléments pour une description du groupe nominal ; les prédéterminants du substantif », article paru dans *Le français moderne,* octobre 1966, pp. 241-253). Nous nous en tiendrons à quelques remarques :

● La série des déterminants s'obtient, comme nous l'avons dit, par une procédure **formelle** : la commutation ;

● En s'en tenant à l'observation des formes, on constate que, dans cette série :

— trois éléments ont **régulièrement** des variantes en genre et en nombre : *le* (*la, les*), *ce* (*cette, ces*), *mon* (*ma, mes*), contrairement aux autres (*plusieurs* n'est spécifiquement ni masculin ni féminin ; *des* peut être le pluriel de *un,* mais aussi *plusieurs, quelques,* etc.) ;

— les pronoms correspondant à *le / ce / mon* ne supposent pas le recours à *en,* contrairement aux autres :

Je veux le	livre	→ Je le veux.
— ce	—	→ Je veux celui-là.
— mon	—	→ Je veux le mien.

Je veux un	livre	→ J'**en** veux un.
— des	livres	→ J'**en** veux.
— quelques	—	→ J'**en** veux quelques-uns.

● Il apparaît donc que { *le, ce, mon* } est un ensemble d'unités qui ont des propriétés distinctes de l'ensemble formé par les autres déterminants. Cette division **formelle** peut ensuite être **interprétée sémantiquement.** C'est ce que nous avons fait ici.

6. La première partie de la SECTION C comprend l'approche des déterminants référents et des pronoms qui leur correspondent.

On remarquera que les trois déterminants référents sont en étroite relation : *le chien que voici* → *ce chien* (*ce* = *le* + information démonstrative); *le chien de Pierre* → *son chien* (*son* = *le* + information personnelle). Il est donc justifié qu'on les situe à la fois en corrélation et en opposition les uns avec les autres (leçons C 1 et C 2).

La série des possessifs est complexe en raison de l'information « personnelle » qu'elle véhicule; il était donc normal que nous nous y arrêtions longtemps, d'autant plus que certaines de ses unités font totalement défaut aux élèves du C. E. 1 (cf. *le leur / les leurs,* et même *le nôtre / le vôtre*).

7. Il était normal aussi que le travail des possessifs soit subordonné à celui des pronoms personnels sujets conduit dans la SECTION B (l'approche de *notre / le nôtre,* par exemple, suppose que l'on ait auparavant travaillé l'opposition *nous / vous*).

N. B. — Nous rappelons que, lorsque nous proposons, comme ici, quelques éléments de morphologie et de syntaxe, nous voulons éclairer notre progression et aider le pédagogue à mieux apercevoir des réalités que la grammaire traditionnelle avait mal explorées. Mais il reste évident que nous devons nous borner à une approche très superficielle des problèmes, qui ne dispense **en aucune manière** de consulter des études plus approfondies.

Les déterminants *le*, *ce*, *son*

---

1. Nous rappelons que seuls importent ici les **types** d'exercices : les exemples que nous proposons ne sont là qu'à titre indicatif, aussi bien que le thème de départ de la séance; le maître est libre de choisir, en fonction de ses goûts, des activités momentanées de sa classe, d'autres motivations.

Nous n'avons donc rédigé que des **départs** d'exercices qui devront, dans tous les cas, être prolongés par d'autres énoncés.

2. Le travail de cette séance porte sur :

a) les variantes genre / nombre du démonstratif;
b) l'équivalence *le ... que voici* → *ce;*
c) la même équivalence avec consigne inversée;
d) l'équivalence *le* + morphème personne → possessif;
e) la synthèse de *c* et *d*.

Oral

A. Dialogue semi-libre

1. Dialogue de marionnettes (mené par le maître) sur le thème CHEZ LA FLEURISTE. Par exemple :

Quelles jolies fleurs! Je ne sais pas lesquelles choisir. — Ces tulipes? Ces roses? — Oh! les iris sont magnifiques! — Avez-vous vu mes œillets? Et mon lilas? ...

2. Jeu oral sur le même thème. Un enfant tient le rôle de la fleuriste, les autres viennent choisir des fleurs.

Voulez-vous mes marguerites? — Non, je préfère cette branche de lilas. — Sentez mon muguet...

B. Systématisation

1. Variantes genre / nombre. Les phrases de départ et les entrées sont données par le maître, ainsi que le premier exemple; les enfants reprennent à tour de rôle.

Donnez-moi ces œillets. Des roses ... ? → Donnez-moi ces roses.
— Du lilas ... ? Un vase d'opaline ... ? Une coupe de cristal ... ? Des pois de senteur ... ?

2. Equivalences *le* ... *que voici* → *ce* (et variantes). Le maître donne un exemple, puis les phrases de départ. Il inverse la consigne après une première série d'énoncés.

Les fleurs que voici sont éclatantes → Ces fleurs sont éclatantes. — La rose que voici est éclatante → ... — L'œillet que voici est éclatant → ... — Le bouquet que voici est magnifique → ...

Cette tulipe est de mon jardin → La tulipe que voici est de mon jardin. — Ces iris fleurissent en mai → ... — Ce rosier est couvert de pucerons → ... — Ces pivoines ne durent pas longtemps → ...

3. Equivalence *le* + morphème personne → possessif (+ variantes).

Je préfère les roses → Mes fleurs préférées sont les roses. — Pierre ... ? → Ses fleurs préférées sont les roses. — Tu ... ? Je ... ? Il ... ? Catherine ... ? etc.

4. Synthèse. La phrase de départ est transformée successivement par deux élèves. Puis, le maître donne de nouvelles entrées, et les élèves reprennent à tour de rôle.

Ce rosier est à mon père → Voici le rosier de mon père. Voici son rosier. — A Catherine? A mon voisin? — Cette corbeille de fleurs est à ma mère → ... — A Paul? etc.

Écrit

A. Travail au tableau

● Un exemple de chaque type est transcrit au tableau : *Ce rosier est à mon père — Voici le rosier de mon père — Voici son rosier,* etc.

B. Exercices

1. Compléter par *ce, cette, ces.*

Donnez-moi ... vase. — Catherine a choisi ... rose rouge. — Emballez-moi ... bouquet. — Moi, je préfère ... narcisses.

2. Compléter. (Chaque exercice pourra être présenté sous la forme retenue pour le dernier exercice de la séance suivante.)

Ce jardin est à toi, voici ton jardin → ... à moi, ... ; ... à Paul, ... — Ces fleurs sont à moi, voici ... fleurs → ... à toi, ...; ... à Sophie, ... — Cette rose est à Pascale, voici ... rose → ... à toi, ... ; ... à moi, ...

Passage de *le* déterminant à *le* pronom C 2

> Tous ces exercices visent au maniement de la série pronominale
> *le / la / les,* parallèle de la série des déterminants *le / la / les.*

Oral

A. Dialogue semi-libre

1. Dialogue de marionnettes (mené par le maître) sur le thème CHEZ
LE MARCHAND DE LÉGUMES. Par exemple :

Je voudrais un melon. — Attendez, je vais vous le choisir. Celui-ci?
Je vous le pèse. — Ceux-ci me paraissent plus mûrs. — Comme
vous voudrez. Je vous les pèse tous les deux? . . .

2. Jeu oral sur le même thème. Un enfant tient le rôle du marchand,
les autres viennent choisir des légumes ou des fruits.

Donnez-moi des abricots. Ceux-ci sont-ils mûrs? — Je vous conseille
les pêches. — Celles-ci sont magnifiques, donnez-les-moi . . .

B. Systématisation

1. Passage du déterminant au pronom. Le maître donne les phrases
de départ et les entrées; les élèves reprennent à tour de rôle.

Ces tomates sont bien mûres, je vous les conseille. Ces abricots . . . ?
Ce melon . . . ? Ces melons . . . ? Cette citrouille . . . ? Ces
citrouilles . . . ? — J'ai de très belles pêches, les avez-vous vues?
De très beaux abricots . . . ? Un très beau chou . . . ? Une très
belle botte de carottes . . . ? — J'ai pesé les poires → Je les ai
pesées. Les prunes . . . ? Les haricots verts . . . ? — Je pèse le
melon → . . . ? La citrouille . . . ?

2. Passage du pronom au déterminant. La phrase de départ proposée par le maître comporte un pronom qui réfère à une information non donnée dans l'énoncé. Les élèves doivent imaginer un *GN* référent. On traitera au passage le problème du *l'*, qui peut être masculin ou féminin.

Je le goûte → Je goûte le melon. — Je la goûte → ... Je les goûte → ... — Je l'apprécie → ... — Jean les aime beaucoup → ... — Jean l'aime beaucoup → ...

Écrit

A. Travail au tableau

• Un exemple de chaque type est transcrit au tableau.

Je goûte le melon → Je le goûte, je l'apprécie.
— — la pêche → — la — , — l' —
— — les abricots → — les — , — les —

B. Exercices

1. Compléter.

Goûte $\left\{ \begin{array}{l} \text{ce melon} \\ \text{cette pastèque} \\ \text{ces cerises} \end{array} \right\}$ et dis-moi si tu $\left\{ \begin{array}{l} ... \\ ... \\ ... \end{array} \right\}$ aimes.

2. Compléter.

Maman entre chez le marchand de fruits. Elle regarde les abricots, elle ... sent. Elle voit un beau melon, elle ... soupèse. Elle voudrait aussi des cerises, le marchand ... pèse.

Passage du déterminant *ce* aux pronoms correspondants

> **1.** L'objet de cette séance est le travail des démonstratifs — déterminants et pronoms. Elle présente, de ce fait, de nombreuses similitudes avec la séance précédente, qu'elle prolonge en quelque sorte.
>
> **2.** On peut hésiter, lorsqu'il n'y a dans un énoncé qu'un démonstratif, à employer une forme en *-ci* ou en *-là* (*Voulez-vous celui-ci? / Voulez-vous celui-là?*). La tendance orale contemporaine est de privilégier les formes en *-là*. Il nous paraît sage de faire pratiquer les deux pour que l'enfant domine les formes en *-ci,* nécessaires, de toute façon, en cas d'opposition (voir le dernier exercice de la rubrique SYSTÉMATISATION).

Oral

A. Dialogue semi-libre

1. Dialogue de marionnettes (mené par le maître) sur le thème CHEZ LE LIBRAIRE. Par exemple :

Ce livre est intéressant, mais peut-être préférez-vous celui-là? — Non, j'aime mieux les livres d'aventures. Celui-ci ne parle que de poupées; vous devriez le proposer à ma sœur ...

2. Jeu oral sur le même thème. Un enfant tient le rôle du libraire, les autres viennent choisir des livres ou des revues.

Voulez-vous cet album? — Oui, et donnez-moi aussi celui-là. — Cette revue vous plaît-elle? — Non, je préfère celles-là ...

B. Systématisation

1. Passage du *GN* au pronom. Le maître donne la phrase de départ et les entrées; les élèves reprennent à tour de rôle.

Vous voulez des romans, je vous conseille ceux-là. Un illustré ... ? Une revue ... ? Des histoires policières ... ? Un album ... ? — Voici des contes, les avez-vous lus? Des légendes ... ? Un roman ... ? Une histoire drôle ... ?

2. Passage de *ce* **à** *celui-ci* **et** *le* **pronom** (et variantes). [Même procédure.]

> Je n'ai jamais lu ces histoires → Celles-ci je ne les ai jamais lues. — Ces contes ... ? Ce roman ... ? Cet album ... ? Ces journaux ... ? — Ce livre est intéressant, je vous le conseille. Cet album ... ? Cette histoire ... ? Ces aventures ... ? Ces contes ... ?

3. Synthèse. Un élève reprend la phrase de départ avec l'entrée proposée par le maître ; un autre substitue au *GN* un pronom démonstratif. Puis, le maître donne une nouvelle entrée, etc.

> Je vous conseille ce livre. — Un album ... ? → Je vous conseille cet album / Je vous conseille celui-ci. — Un roman ... ? Des nouvelles ... ? Des poésies ... ? Une histoire ... ?

4. Opposition *celui-ci* / *celui-là.*

> Voici des romans. J'ai lu celui-ci, mais pas celui-là. Des bandes dessinées ... ? Des albums ... ? Des histoires policières ... ?

Écrit

A. Travail au tableau

- Un exemple de chaque type est transcrit au tableau.

Lisez cet album	→	Lisez	celui-ci.
— cette page	→	—	celle-ci.
— ces contes	→	—	ceux-ci.
— ces poésies	→	—	celles-ci.

J'ai lu celui-ci	mais pas	celui-là.
— celle-ci	—	— celle-là.
— ceux-ci	—	— ceux-là.
— celles-ci	—	— celles-là.

B. Exercices

1. Relier (quand c'est possible).

cette fille	ceux-là
ce jardin	celle-là
cette armoire	celles-là
ces revues	celui-là

2. Compléter.

Je prends ce livre et je te donne ... — Aimes-tu ces bonbons ou préfères-tu ... ? — Je n'aime pas cette robe, ni ... — J'ai cueilli des fleurs et je t'ai apporté ...

C 4   Les déterminants *mon*, *ton*
et les pronoms correspondants

> Un problème se pose ici : un substantif féminin commençant par une voyelle prend un déterminant possessif masculin ; il y a donc opposition de genre, dans ce cas, entre *D* de *D + N* et *Pr : mon ardoise / la mienne*.
>
> Il est indispensable de glisser dans les batteries d'exercices des entrées qui permettent à l'enfant de se heurter à cette difficulté ; de même, des entrées ambiguës amèneront une discussion : *mon ami(e) / le mien (la mienne)*. L'oral ne permet pas, en effet, de trancher.

Oral

A. Dialogue semi-libre

- **Jeu avec les blocs logiques.** Le maître pense à un bloc et le décrit.

  Le mien est jaune, mince, petit, carré. Peux-tu me le montrer ? [...] Jouons ensemble : Pierre, choisis un bloc. Comment est le tien ? [...] Jacques, tu en choisis deux, comment sont les tiens ? [...] Catherine, prends une pièce dans la boîte ; Sophie, veux-tu nous décrire comment est la sienne ? ...

B. Systématisation

1. Passage du déterminant possessif au pronom possessif. (Procédure habituelle.) Susciter une discussion à l'occasion de la rencontre d'une des difficultés signalées précédemment : *ton ardoise, mon ami(e)*.

J'ai perdu ma gomme, prête-moi la tienne. Mon compas ... ? Mes ciseaux ... ? Mon ours en peluche ... ? — Ton crayon est rouge, le mien est noir. Ta trousse ... ? Tes quilles ... ? Tes buvards ... ? Ton ardoise ... ?

Mon cartable est en cuir → Le mien est en cuir. — Mon cahier est déchiré → ... — Ma trousse est en plastique → ... — Connais-tu mon ami ? → ... — J'ai oublié mes affaires → ...

2. Passage de *ce ... à moi* **à** *le mien* (et variantes). Même exercice.

Ce livre est à moi, c'est le mien. A toi ... ? — Cette ardoise est à moi, c'est ... — Cet ours est à toi, c'est ... — Ces crayons ...

3. Evitons les répétitions. Dans les phrases qui leur sont proposées, les élèves doivent remplacer le *GN* répété par un pronom.

Cette maison est jolie, c'est ma maison → ... — Mon village s'appelle « Flers », comment s'appelle ton village? → ...

Écrit

A. Travail au tableau

● Un exemple de chaque type est transcrit au tableau.

Ton crayon est noir,   le mien est rouge.
Ta trousse est noire,   la mienne est rouge.
Tes quilles sont noires,   les miennes sont rouges.
Tes buvards sont noirs,   les miens sont rouges.

On fera reprendre les exemples, mais cette fois avec *mon crayon / le tien,* etc.

B. Exercices

1. Relier.

mon		la tienne
ta	poupée	la mienne
ma	camion	le mien

2. Relier.

mes	ardoise	le tien
ton	arrosoir	les miens
	livres	la tienne

3. Relier et compléter.

ma		le ...
son	dînette	les siennes
ses	billes	la ...
ta	tracteur	la ...

193

C 5 Les déterminants *son*, *leur* et les pronoms correspondants

A. Dialogue semi-libre

• **Dialogue de marionnettes** sur le thème : LES VOITURES.

SCÈNE I. — J'ai prêté ma voiture à Jean, la sienne est en panne. — Mais la tienne est moins rapide! — Oui, mais elle marche bien, la mienne ...

SCÈNE II. — Cette « 204 » est à tes voisins? — Oui, c'est leur « 204 ». J'ai la même, mais la mienne est rouge. — La leur, tu vois, est bleu métallisé.

B. Systématisation

1. Passage de *le* à *son* et à *le sien* (et variantes). On procédera comme lors des séances précédentes. Les difficultés comme *son auto* → *la sienne, l'avion* → *son avion* / *le sien* donneront l'occasion d'une discussion.

Voici la voiture de Georges → Voici sa voiture. — Voici le vélo de Pierre → ... — La « 504 » → ... — Le coupé → ... — Voici sa voiture → Voici la sienne. — Son scooter → ... — Son auto → ... — Sa Mobylette → ... — Voici le camion de Pierre → Voici son camion. Voici le sien. — L'avion → ... — Le bateau → ... — La locomotive → ... — La moto → ...

2. Introduction de *leur* (en opposition à la série *mon* / *ton* / *son* et variantes du féminin). Modifier successivement les entrées au niveau de l'« objet possédé » (variation en genre) et du « possesseur » (variation de la personne).

Cette deux-chevaux est à mes amis → C'est leur deux-chevaux. — Ce bolide → ... — A moi ... ? A toi ... ? — Cette camionnette → C'est la tienne. — A mes cousins ... ? A Paul ... ? A Jean et Christine ... ? — Ce tracteur → ... — Au fermier ... ? A toi ... ? A mes cousins ... ? A Pierre ... ? etc.

3. Passage de *leur* à *le leur* / *la leur*.

Voici leur deux-chevaux → C'est la leur. — Leur scooter → ...
— Leur tracteur → ... — Leur moto → ... — Leur « 304 »
→ ...

4. Opposition *le sien* / *le leur* (et variantes du féminin). Ici encore, les entrées doivent être modifiées à deux niveaux.

La voiture de Paul est rouge → La sienne est rouge. De ma
sœur ... ? De mes parents ... ? — Le scooter → ... — De
Christine ... ? De Paul et de Joëlle ... ? — La D. S. → ...
— Ma ... ? Sa ... ? — Le tracteur des fermiers → ... — De
Jacques ... ? etc.

Écrit

A. Travail au tableau

● Un exemple de chaque type est transcrit au tableau.

Cette moto est à mon cousin → C'est sa moto → C'est la sienne.
Ce coupé   —   —   → — son coupé → C'est le sien.
Cette moto est à mes cousins → C'est leur moto → C'est la leur.
Ce coupé   —   —   → — leur coupé → C'est le leur.

B. Exercices

1. Compléter.

Voici le camion de Christian; c'est ... camion; c'est le sien. —
Voici la poupée de Catherine; c'est ... poupée; c'est ... — Est-ce
que chaque enfant a sa blouse? Patrick n'a pas ... — Mes voisins
admirent ma maison, mais moi, je préfère ... — Chacun a une
maison. Dick, le chien, a aussi ... — Chaque oiseau a un nid.
L'hirondelle construit aussi ...

2. Relier.

sa voiture		le tien
ton permis		la sienne
leur chien		le mien
mon vélo		le leur
son auto		

Les pronoms *les siens* et *les leurs*

L'utilisation des morphèmes pronominaux *le leur / les leurs* est délicate pour un élève de C. E. 1 ; il ne pourra certes pas les maîtriser après un quart d'heure d'exercices... C'est une première rencontre.

D'une manière générale, d'ailleurs, on ne peut exiger des exercices structuraux qu'ils enracinent définitivement un schème linguistique : ils y préparent seulement. Des renforcements viendront de futures leçons de grammaire, des conversations de l'école et de la vie courante, des lectures de l'enfant, etc.

Oral

A. Dialogue semi-libre

1. Dialogue de marionnettes (mené par le maître) sur le thème RANGEONS LES AFFAIRES.

Paul est absent, Catherine et sa sœur aussi. Je vais ranger leurs affaires... Les crayons, où vais-je les mettre? Les siens dans son plumier, les leurs dans leur case. Les craies? Les siennes dans une boîte, les leurs dans leur cartable...

2. Dialogue avec les enfants sur le même thème. Le maître invite les enfants à aider la marionnette dans ses rangements.

Les cahiers? → Les siens dans l'armoire, les leurs aussi. — Les boîtes en carton? → ...

B. Systématisation

1. Opposition *les siens* / *les siennes*. Proposer successivement des entrées au masculin et des entrées au féminin.

J'ai perdu mes craies, mais Claudine me prêtera les siennes. Mes crayons ... ? Mes plumes ... ? — Paul a cassé ses autos; son frère lui prêtera les siennes. Ses avions ... ? Ses jouets ... ? Ses lunettes de soleil ... ?

Pierre a des albums d'images; ce sont les siens. De jolis timbres ... ? Des images ... ? — Catherine a des poupées; ce sont les siennes. Des jouets ... ? Des oiseaux ... ? Des petites assiettes ... ? etc.

2. Opposition *son* / *sa* / *ses* / *leurs*. Proposer des entrées différentes à deux niveaux (« possesseur », « objet possédé »).

Voici les livres de Pierre et de Jean → Ce sont leurs livres. — De mon frère ... ? — La voiture ... ? → C'est la sienne. — De mon père ... ? De mes voisins ... ? — Les outils → ... — Du cordonnier ... ? Des tailleurs ... ? De mon grand-père ... ? — Les fournitures → ... — Du tailleur ... ? Des écoliers ... ? De mon frère ... ?

3. Passage des déterminants pluriels aux pronoms pluriels (1re, 2e et 3e personne). [Même procédure que pour l'exercice précédent.]

Leurs livres sont rouges → Les leurs sont rouges. Mes ... ? Ses ... ? Tes ... ? — Les craies de Patrick → Les siennes sont rouges. — De mes voisins ... ? De Catherine ... ? — Mes craies sont cassées → Les miennes sont cassées. Leurs ... ? Ses ... ? Tes ... ?

4. Synthèse. Après chaque entrée donnée par le maître, un premier élève reprend la phrase de départ en utilisant un déterminant possessif, un second la reprend en utilisant le pronom correspondant. S'efforcer de passer en revue toutes les séries.

Connais-tu l'adresse de Pierre? → Connais-tu son adresse? Connais-tu la sienne? — De tes cousins ... ? De Catherine ... ? — As-tu regardé les dessins des enfants? → ... — De ma petite sœur ... ? De Paul ... ? Des fillettes de la classe ... ? etc.

Écrit

A. Travail au tableau

- Un exemple de chaque type est transcrit au tableau.

Ses livres sont **rouges** →	Les siens sont rouges.
Leurs livres — — →	Les leurs — —
Ses images sont belles →	Les siennes sont belles.
Leurs images — — →	Les leurs — —

B. Exercices

1. Relier.

| ses oiseaux |
| leurs tortues |
| leurs poissons |
| ses images |

| les siens |
| les siennes |
| les leurs |

2. Compléter.

Ces jouets sont à Pierre et à Jean, ce sont ... — Ces patins à roulettes sont ceux de mon frère, ce sont ... — Les jouets de ces enfants ne sont pas très beaux, mais ils les aiment parce que ce sont ... — J'ai perdu mes images; Jean me prête ... — Ce monsieur est le parrain de Bruno et de Sylvie. C'est ... parrain, c'est ...

Révision

> Cette séance met en œuvre des exercices de réemploi des séries qui ont fait l'objet du travail lors des séances précédentes. Il ne nous a donc pas paru nécessaire de l'introduire par un « dialogue motivé » et de la conclure par des exercices écrits. Le maître reste évidemment libre de le faire — les imaginant à sa guise.

Oral

1. Déterminants et pronoms possessifs.

Ce livre est à moi → C'est mon livre → C'est le mien. — Cette fleur ... ? — Ces pinceaux sont à moi → Ce sont ... — Ces plumes ... ? A toi ... ? Ces crayons ... ? Cette feuille ... ? A Paul ... ? Cette auto ... ? Ce bateau ... ? Cet avion ... ? — Ces hameçons sont à Paul et à Frédéric → Ce sont ... — Ces cannes à pêche ... ? Cette truite ... ?

2. Pronoms démonstratifs et pronoms possessifs.

Cette image est à Pierre. A qui est celle-là? — Ce dessin ... ? Cette feuille ... ? Ce travail ... ? — Ces journaux sont à Pierre. A qui sont ceux-là? — Ces revues ... ? Ces bandes dessinées ... ? Ces albums ... ? — Ce livre est à Pierre → Celui-ci, c'est le sien. — Cette image ... ? Cet animal ... ? Ces dessins ... ? Ces voitures ... ? Ces jouets ... ? Ces quilles ... ?

3. Série pronominale *le* / *la* / *les*.

Donne-moi le cahier rouge → Donne-le-moi. — Les crayons ... ? La boîte verte ... ? Les rubans ... ? La machine à écrire ... ? La colle ... ? Les punaises ... ?

4. Passage du pronom à un *GN* référent. Inventons.

Ceux-ci sont abîmés → Ces fruits sont abîmés. — Celles-ci sont mûres → ... — Celui-ci est trop vert → ... — Celle-ci me plaît → ...

Le mien est cassé → ... — Les miens sont rouges → ... Les siens sont tombés → ... — La tienne est plus gaie que la mienne → ... — Les leurs ne marchent plus → ... — La leur roule très vite → ...

C 8 Le déterminant *notre* et le pronom *le nôtre*

Oral

A. Dialogue semi-libre

1. Premier thème. La classe compare des objets, outils, paysages régionaux avec ceux d'une autre classe située ailleurs (celle avec laquelle elle entretient une correspondance scolaire, par exemple).

Nos rues sont larges et encombrées, les leurs sont étroites et calmes. — Comment sont leurs rivières? Comment sont les nôtres? etc.

2. Second thème. Deux groupes d'enfants manipulent des objets similaires, mais de forme ou de couleur différentes. (Ex. — *Nous, nos blocs sont rouges. — Les nôtres sont bleus, ...*)

B. Systématisation

1. Passage de *nous* à *notre*. Partir d'une phrase telle que : *Nous habitons la France, c'est notre pays.* Proposer des entrées qui conduisent à l'utilisation de *notre* masculin et de *notre* féminin. (Ex. — *Lille* → *notre ville. — La Gironde* → *notre département.*)

2. Opposition *notre* / *nos*. Les élèves doivent, cette fois, transformer les phrases de départ données par le maître.

Les rues de notre ville sont larges → Nos rues sont larges. — Le beffroi de notre ville est en brique → ... — Les magasins de notre ville sont animés → ... — Les boulevards de notre ville sont bordés d'arbres → ...

3. Passage de *le* + « information personne » à *le nôtre* (et variantes). Les enfants doivent compléter les phrases de départ.

L'école de Janine n'a que deux classes → La nôtre a dix classes. — Les camarades de Janine sont calmes → ... — Les parents de Janine vivent à la campagne → ... — Le maître de Janine est vieux → ... — La classe de Janine est entourée d'arbres → ...

4. Passage de *notre* à *le nôtre* (et variantes). Même exercice.

Voici nos livres; ce sont les nôtres. — Notre classe ... ? Nos tables ... ? Notre tableau ... ? Nos camarades ... ? etc.

5. Synthèse. Proposer des entrées différentes à deux niveaux (« possesseur », « objet possédé »), de sorte que toutes les séries étudiées soient passées en revue.

Ce livre est à moi → C'est le mien. — Cette affiche ... ? Ces papiers ... ? A nous → Ce sont les nôtres. — Cette école ... ? Ces ballons ... ? Cette balle ... ? A Paul → ... ? — Ce poisson rouge ... ? Cette tourterelle ... ? A toi → ... ? — Ces poussins ... ? Ce hamster ... ?

Écrit

A. Travail au tableau

• Un exemple de chaque type est transcrit au tableau.

Notre beffroi est en brique.
Le nôtre est en brique.

Notre école a dix classes.
La nôtre a dix classes.

Nos trains sont rapides.
Les nôtres sont rapides.

Nos rues sont larges.
Les nôtres sont larges.

B. Exercices

1. Relier.

| notre maître |
| nos cahiers |
| nos classes |
| notre ville |

| la nôtre |
| le nôtre |
| les nôtres |

2. Compléter par *le nôtre, la nôtre* **ou** *les nôtres.*

Voici votre fille, mais où est ... ? — Puisque vous aimez les livres d'art, je vais vous montrer ... — Le sapin de Pascale est garni de bougies bleues, ... de bougies blanches. — Ton gâteau est à la crème, celui de Bruno est à la confiture, ... est au chocolat. — Vos parents sont arrivés, ... ne viendront pas.

C 9

Le déterminant *votre*
et le pronom *le vôtre*

Oral

A. Dialogue semi-libre

1. Dialogue entre enfants. Deux groupes d'enfants manipulent des objets similaires, mais de forme ou de couleur différentes, et les comparent. (Ex. — *Vos cubes sont bleus, les nôtres sont rouges. Nos cubes sont plus gros que les vôtres,* ètc.)

2. Autre thème possible. On peut aussi exploiter, dans un jeu de questions-réponses, la visite d'un étranger dans la classe, etc.

B. Systématisation

1. Oppositions *notre/votre, le nôtre/le vôtre* (et variantes). [Procédure habituelle.]

Votre cuisine est plus grande que la nôtre. Le salon ... ? Les chambres ... ? Le grenier ... ? — Notre jardin est plus vaste que le vôtre. L'entrée ... ? La cour ... ? Les débarras ... ? etc.

2. Opposition *votre / vos.* Les élèves doivent transformer la phrase de départ.

Vous avez de très jolis rideaux → Vos rideaux sont très jolis. — Vous avez un très grand jardin → ... — Vous avez une salle de séjour agréable → ... — Vous avez des fauteuils confortables → ...

3. Passage du GN au pronom.

Voici des manteaux; où est le vôtre? Des châles ... ? Des gants ... ? Des chapeaux ... ? Des parapluies ... ? etc.

4. Synthèse. Un premier élève reprend la phrase de départ en utilisant un déterminant, un second la reprend avec le pronom correspondant.

Ce manteau est à vous → C'est votre manteau. / C'est le vôtre. —
Ces gants ... ? Cette casquette ... ? Ce parapluie ... ? etc.

Écrit

A. Travail au tableau

● Un exemple de chaque type est transcrit au tableau.

Ce manteau est à vous ;   c'est   votre manteau ;   c'est   le   vôtre.
Cette veste — — ;   —   votre veste ;   —   la   vôtre.
Ces gants sont   — ;   ce sont vos gants ;   ce sont les vôtres.

B. Exercices

1. Relier.

notre		gants		le nôtre
votre				les nôtres
nos		chapeau		le vôtre
vos				les vôtres

2. Eviter les répétitions.

Voici vos gants, voulez-vous me passer mes gants ? — Mon chapeau n'est plus là, votre chapeau est encore sur le meuble. — A qui sont ces enfants ? Est-ce que ce sont vos enfants ? — Notre jardin est vaste, mais je préfère votre jardin.

● La leçon C 10 comporte exclusivement des exercices **écrits** de révision sur les possessifs. Elle figure donc dans le manuel de l'élève.

DEUXIÈME PARTIE : LEÇONS C 11 à C 13

Les déterminants quantifiants et les pronoms correspondants

Introduction

1. Cette deuxième partie comprend :

LEÇON C 11. — **Passage de *du/de la/des* à *de* par transformation négative;**

LEÇON C 12. — **Batterie d'exercices écrits** (livre de l'élève seulement);

LEÇON C 13. — **Passage de *quelques* et *tous les* à *quelques-uns* et *tous*.**

2. La leçon C 11 porte sur la série des « partitifs »; plus exactement sur la réduction de ces déterminants à *de* par transformation négative : *du pain / pas de pain,* etc.

Il nous a paru utile de faire pratiquer cette réduction pour effacer des énoncés enfantins comme : *Il n'a pas des bonbons.* Ceux-ci étant encore plus fréquents à l'écrit qu'à l'oral, nous avons conçu une batterie écrite sur le même thème. (LEÇON C 12, dans le livre de l'élève.)

Cette même leçon engage aussi les correspondances pronominales de ces déterminants : *il a du pain / il en a,* etc.

3. La leçon C 13 oppose, parmi les déterminants qui expriment la pluralité, *tous les / quelques.* Elle porte par ailleurs sur les correspondances pronominales de *quelques* (celles de *tous les* nous ont paru trop difficiles à ce niveau).

4. Nous approchons donc, dans cette partie, la pratique de quelques quantifiants, sémantiquement à la portée d'un C. E. 1 (nous avons exclu des oppositions trop fines comme *quelques / plusieurs; tous les / chaque...*).

Précisons qu'il peut paraître contradictoire de ranger *tous les* parmi les quantifiants : *les* reste bien un référent, que vient renforcer l'adjectif *tous* (le référent renvoie précisément à la totalité de la classe désignée par le nom). Mais il nous a paru efficace de coupler *tous les / quelques,* l'opposition des deux étant sémantiquement très claire.

Oral

A. Dialogue semi-libre

● **Jouons à la marchande** (épicière ou boulangère dont la boutique a été dévastée par l'afflux des vacanciers). Au cours du dialogue apparaîtront les formes connues. Par exemple :

Bonjour, madame, je voudrais des tomates. — Je suis désolée, monsieur, je n'en ai plus / il ne m'en reste plus / je n'en ai plus du tout / je viens de vendre les dernières / je n'ai plus de tomates, etc.

B. Systématisation

1. Passage de *du, de la, des* à *ne … pas de*. Poursuivre sur le même thème, le maître posant des questions et les élèves répondant par une phrase négative.

Vous voulez de la salade? → Je n'ai pas de salade. — Des tomates? Du jambon? De la pâtisserie? …

2. Opposition phrase affirmative / phrase négative. A chaque question du maître, un élève répond affirmativement, un autre négativement.

Avez-vous du chocolat? → Oui, j'ai du chocolat. / Non, je n'ai pas de chocolat. Des fruits? De la margarine? Du beurre? …

3. Synthèse. Cette fois, chaque élève doit répondre par une phrase du type : « Je n'ai plus…, mais il me reste… »

Avez-vous du pain? → Je n'ai plus de pain, mais il me reste des biscottes. — Des abricots? De la limonade? Du chocolat au lait? Des gâteaux au chocolat? …

4. Passage de *du* (et variantes) à *en* par pronominalisation. A chaque question du maître, trois élèves répondent successivement.

Mireille a du pain; et toi? → Moi, aussi. / Moi, j'en ai aussi. / Moi, j'ai du pain aussi. — Mireille n'a pas de pain, et toi? → Moi non plus. / Moi, je n'en ai pas non plus. / Moi, je n'ai pas de pain non plus. — Et Pierre? Et nous? Et vous? Et tes voisins? …

5. Jeu en furet. Chaque élève est tour à tour marchand, puis client. La réponse du marchand est alternativement « oui » et « non ». Par exemple, A sera d'abord le client auquel B répondra « oui » ; puis le client C s'adressera à A devenu marchand, qui répondra « non ».

A. — Bonjour. Avez-vous des cornichons?
B. — Oui, j'ai des cornichons / J'en ai / Il m'en reste...
C. — Avez-vous de la limonade?
A. — Non, je n'en ai pas / Je n'en ai plus / Je n'ai plus de limonade...

Écrit

A. Travail au tableau

- On reprend un exemple de chaque type au tableau.

Avez-vous du riz?	→ Oui, j'ai du riz.	→ Non, je n'ai pas de...
— — de la bière? →	— — de la bière.	→ J'en ai.
— — des fruits? →	— — des fruits.	→ Je n'en ai pas.

B. Exercices

1. Faire marcher les machines.

J'ai des gâteaux. [i]→ ...   Je n'ai pas de confiture. [a]→ ...
— — [n]→ ...   — — [i]→ ...
J'ai du chocolat. [n]→ ...   Avez-vous de la farine? [a]→ ...
— — [i]→ ...   — — [n]→ ...

2. Répondre par *oui* ou par *non*.

Le coquelicot a des pétales verts → Non, le coquelicot ... — La rose a des épines → ... — Le lièvre a de petites oreilles → ... — Le boucher a du café dans sa boutique → ... — La tulipe a des épines → ...

___

- La leçon C 12 ne comporte que des batteries **écrites** sur la phrase négative. Elle figure donc dans le manuel de l'élève.

Passage de *quelques* et *tous les* à *quelques-uns* et *tous*

> ## Oral

A. Dialogue semi-libre

● **Dialogue entre les enfants et le maître.** L'objet pourra en être la recherche de critères pour classer des séries de gommettes.

Dans cette boîte, toutes les gommettes sont carrées. Ont-elles toutes la même couleur? — Quelques-unes sont rouges. — Tous les carrés rouges sont-ils dans cette boîte? — Non, il y en a encore quelques-uns ici, etc.

B. Systématisation

1. Passage de *des* à *quelques-uns*. (Procédure habituelle.)

Voici des bonbons. En veux-tu quelques-uns? Des sucettes ...? Des images ...? Des crayons ...?

2. Emploi de *tous, toutes*. Les enfants complètent d'abord une série de phrases proposées par le maître; puis ils transforment ces phrases (*tous les*... → *les*... *tous*).

Pierre est gourmand; il a mangé tous les bonbons. — Les oranges ...? Les sucettes ...? Les abricots ...? Les gâteaux ...? etc.

Il a mangé tous les bonbons; il les a tous mangés. — Les oranges ...? Les sucettes ...? etc.

3. Opposition *tous* / *quelques-uns*. Quelle sera la réaction de Pierre si je lui propose des friandises? (Dans chaque cas, un élève décrit la réaction de « Pierre gourmand », un autre la réaction de « Pierre raisonnable ».)

Je propose des bonbons à Pierre → Il est gourmand, il les prend tous / Il est raisonnable, il en prend quelques-uns. — Je lui propose des sucettes → ... — Des oranges → ... — Des abricots → ... — Des gâteaux → ...

4. Opposition *tous les* / *quelques* (jeu du « Vrai ou faux »).

Les élèves de la classe savent parler → C'est vrai, tous les élèves de la classe savent parler. — Les élèves de la classe sont blonds → C'est faux, quelques élèves de la classe seulement sont blonds.

Les élèves de la classe ont plus de cinq ans → ... — Ils ont un tablier → ... — Ils ont un tablier bleu → ... — Ils portent des lunettes → ... — Les filles sont menteuses → ... — Les filles savent chanter → ... — Elles portent des souliers → ...

Écrit

A. Travail au tableau

- Un exemple de chaque type est transcrit au tableau.

> Tous les garçons de la classe ont un tablier.
> Toutes les filles — — —

> Quelques garçons ont un tablier bleu.
> Quelques-uns — — —

> Quelques filles ont un tablier bleu.
> Quelques-unes — — —

B. Exercices

1. Compléter.

Veux-tu quelques bonbons? Oui, j'en veux quelques-uns. — Veux-tu écouter quelques disques? ... — As-tu trouvé quelques champignons? ... — As-tu lu quelques livres? ... — Veux-tu quelques images? ...

2. Répondre aux questions.

Tous les enfants sont-ils sages? — Toutes les fleurs ont-elles la même couleur? — Tous les enfants aiment-ils les bonbons? — Tous les fruits sont-ils sucrés?

TROISIÈME PARTIE : LEÇONS C 14 à C 21

Les pronoms et adjectifs interrogatifs

Introduction

1. Cette troisième partie comprend l'étude des interrogatifs suivants :

2. Toutes ces séances sont donc axées sur le travail de certains morphèmes interrogatifs.

D'autres viendront au C. E. 2 : *quand? où?* etc. D'autres encore nous ont paru inabordables à ce niveau. C'est notamment le cas d'oppositions comme *qu'est-ce qui?/qu'est-ce que?* et *qui est-ce qui?/qui est-ce que?*

3. Chaque séance met en œuvre un double travail : celui des **morphèmes d'interrogation directe** et celui de l'**interrogation indirecte.** (L'approche de cette dernière n'est qu'esquissée ici : on y reviendra au C. M., l'élève en ayant alors un besoin plus urgent.)

4. Le système des morphèmes interrogatifs est des plus complexes, en raison notamment de formes concurrentes : *Où est-il allé? / Où est-ce qu'il est allé? / Il est allé où?*[1].

La norme a jusqu'ici imposé, et notamment dans l'usage scolaire, les seules interrogations par inversion, de type : *Que dis-tu? / Où*

---

1. Sans parler d'énoncés aberrants comme : « *D'où qu'il est allé?* »

vas-tu? L'usage oral contemporain ne les abandonne pas, mais tend à développer les formes en *est-ce que,* qui permettent notamment de garder l'ordre sujet-verbe dans l'énoncé et qui font partie d'un système homogène : *Qu'est-ce que tu dis? / Où est-ce que tu vas?*

Si nous privilégions, dans ces exercices, les interrogations par inversion au détriment des autres, ce n'est pas par purisme — en aucun cas nous n'excluons les formes en *est-ce que* —, mais par référence à ce principe : lorsqu'il y a à choisir entre des formes concurrentes dans un exercice d'apprentissage de la langue, il convient de privilégier celles que l'enfant n'a guère l'occasion de pratiquer dans son milieu socioculturel, de manière qu'il **développe sa compétence linguistique** et qu'il puisse, plus tard, choisir entre plusieurs possibilités d'expression, selon le niveau de langue à adopter. Il est entendu que les formes retenues seront toujours conformes aux usages du français contemporain (il serait, par exemple, inquiétant d'enseigner des tournures comme *chanté-je,* qui ne sont jamais employées).

Les mêmes raisons nous ont conduits à ne retenir pour l'interrogation indirecte que des modèles de type : *je demande* QUI *est là,* en face d'un possible : *je demande* QUI EST-CE QUI *est là.*

5. Sur ces problèmes, le maître consultera avec profit : G. GOUGENHEIM, R. MICHEA, P. RIVENC, A. SAUVAGEOT, *l'Elaboration du français fondamental,* pp. 225-230 (Didier, 1967).

Oral

A. Dialogue semi-libre

● **Dialogue de marionnettes** (mené par le maître). Par exemple :
Elles sont jolies, tes photographies! Qui est-ce qui les a prises? —
Comment? — Je te demande qui a pris ces photographies. — Mais,
c'est moi! — Oh! Bravo! Fais voir celle-ci. Qui est-ce? ...

B. Systématisation

1. L'interrogation directe. Dans une première série de phrases, la
consigne conduira à l'emploi de *qui est-ce qui.* Puis, chaque entrée sera
reprise successivement par deux élèves (*qui est-ce qui? / qui?*).

On a cassé un verre → Qui est-ce qui a cassé ce verre? — On a
volé ma montre → ... — On a renversé un vase → ... — On a
jeté mes papiers → ...

On frappe à la porte → Qui est-ce qui frappe à la porte? / Qui
frappe à la porte? — On joue au loup → ... — On veut me voir
→ ... — On fait du bruit → ...

2. Passage à l'interrogation indirecte. Après une série de commutations au niveau de la phrase enchâssée (« subordonnée »), on fera procéder à des commutations au niveau de la phrase matrice (« principale »).

Qui frappe à la porte? Je n'en sais rien → Je ne sais pas qui frappe
à la porte. — Qui joue au loup? → ... — Qui fait du bruit? → ...

Qui a pris le livre bleu? Je n'en sais rien → Je ne sais pas qui a pris
le livre bleu. — Je l'ignore → ... — Pierre n'en sait rien → ...
— Nous le demandons → ... — Vous le savez → ...

3. Passage de l'interrogation indirecte à l'interrogation directe.
C'est la procédure inverse.

Pierre se demande qui a pris son argent → Qui a pris mon argent?
— Je te demande qui frappe à la porte → ... — Nous ne savons
pas qui sera le premier → ... — Je voudrais savoir qui t'écrit
→ ... — Jean ignore qui a pris sa trousse → ...

A. Travail au tableau

• Un exemple de chaque type est transcrit au tableau.

> Qui est-ce qui a cassé un verre?
> Qui a cassé un verre?
> Je me demande qui a cassé un verre.

B. Exercices

1. Poser la question à laquelle répond chaque phrase.

C'est la voisine qui frappe à la porte → ... — Ce sont les maîtres qui nous enseignent la grammaire → ... — C'est le lion qui rugit → ...

2. Poser la question d'une autre façon.

Qui est-ce qui chante au lever du soleil? — Dis-moi qui creuse une taupinière. — Qui est-ce qui sort après la pluie?

C 15   *Qui est-ce qui? qui? dis-moi qui...*
(suite)

A. Dialogue semi-libre

1. Lecture d'images. Le maître compose avec le tableau de feutre et des figurines une petite scène sur le thème DANS LE PRÉ. (Une vache broute; le fermier porte une fourche sur son épaule; Pierre porte un seau...)

Les enfants posent toutes les questions possibles. Par exemple : « Qui est-ce qui est dans le pré? Qui va brouter l'herbe? », etc.

Un changement de position des figurines permettra de relancer les questions. Par exemple, Pierre demande au fermier qui va traire la vache → « Où est la vache? Que fait Pierre? », etc.

• Avec une autre scène, on n'accepte que les questions commençant par *qui est-ce qui* ou par *qui*. Ainsi, une scène sur le thème A TABLE (La mère sert un enfant; Pierre mange sa soupe; le chat est grimpé sur la table...) pourra susciter des questions du type : « Qui est grimpé sur la table? Qui est-ce qui sert les enfants? », etc.

2. Dialogue entre enfants. Les enfants sont répartis par groupes de trois. Dans chaque groupe, A invente une question qu'il pose à B; B n'entend pas et fait répéter; C répète à B la question posée par A. Par exemple :

A. — Qui est ton voisin?
B. — Comment? Quoi? Que dis-tu? Je n'entends rien...
A. — Qui est-ce qui est ton voisin?
C. — Pierre te demande qui est ton voisin.

B. Jeux oraux

1. Devinettes posées par le maître. Poser très rapidement des questions commençant par *qui* ou *qui est-ce qui?*

Qui est plus cruel que le lion? → C'est le tigre qui est plus cruel que le lion. — Qui est le plus grand de la classe? Qui est la plus sage de la classe? Qui est-ce qui vole les poules de la fermière? ...

2. Devinettes posées par les enfants eux-mêmes. Un enfant pense à un animal et essaie de le faire deviner à ses camarades en leur posant des questions. Par exemple :

Qui a la queue en panache et se nourrit de noisettes? — Dites-moi qui chante au lever du soleil. — Qui est le roi des animaux?

• Pas d'écrit pour cette série, aucune forme nouvelle n'ayant été introduite.

Oral

A. Dialogue semi-libre

1. Dialogue de marionnettes (mené par le maître) sur le thème PROJETS POUR LE WEEK-END. Par exemple :

Que ferons-nous demain? — Nous pourrions aller à la mer. Qu'en dis-tu? — Je me demande ce qu'en pense Pierre...

B. Systématisation

1. Introduction des formes par le maître. Les élèves répondent à des questions (d'abord avec *que,* ensuite avec *ce que*). Par exemple :

Pierre, que vois-tu sur cette image? → Je vois un loup. — Catherine, que vois-tu par la fenêtre? Pascal, que penses-tu de ton travail? Sylvie, que demandes-tu pour ton anniversaire? ...

Jacqueline, dis-moi ce que tu préfères, cette poupée ou celle-ci? Jean, je voudrais savoir ce que tu feras jeudi. Paul, j'aimerais savoir ce que tu manges ...

2. Procédure inverse. Le maître prononce une phrase affirmative (ou négative), et les élèves doivent poser la question à laquelle elle répond.

Pierre dit qu'il s'ennuie → Que dit Pierre? — Mes parents pensent que je suis trop maigre → ... — Maman croit que tu es fatigué → ... — Le juge pense que l'accusé est coupable → ... — Il dit que les témoins ont raison → ...

3. Jeu en furet. A pose une question commençant par *que* à B, qui répond et pose à C une autre question commençant par *que,* etc.

4. Passage de *que* à *ce que*. Les élèves transforment les questions formulées par le maître en phrases interrogatives indirectes, d'abord en conservant la même phrase matrice (*Je me [le] demande*).

Que ferons-nous demain? → Je me demande ce que nous ferons demain. — Que veux-tu pour ton anniversaire? → ... — Que dit Pierre? → ... — Que pense maman? → ... — Que boiras-tu? → ...

• Puis ils font la même opération à partir de phrases matrices différentes proposées par le maître.

> Que dit la radio ce matin? Le sais-tu? → Sais-tu ce que dit la radio ce matin? — Qu'as-tu acheté au marché? Dis-le-moi → ... — Que propose la télévision ce soir? Je l'ignore → ... — Que préparerons-nous pour le repas? Je ne sais pas → ...

5. Jeu en furet faisant intervenir le maître. A pose une question commençant par *que* au maître, qui donne l'entrée du discours indirect. B reprend la question de A sous forme de discours indirect. Par exemple :

> A. — Qu'entend-on?
> LE MAÎTRE. — Je l'ignore.
> B. — Le maître ignore ce qu'on entend.

Écrit

A. Travail au tableau

• On reprend un exemple de chaque type au tableau.

> Pierre, que vois-tu par la fenêtre?
> Je me demande ce que Pierre voit par la fenêtre.

B. Exercices

1. Poser la question commençant par *que* à laquelle répond chaque phrase.

> Paul regarde un film à la télévision → ... — Le docteur dit que tu n'es pas très malade → ... — Mes parents préfèrent cette maison → ... — Nous espérons que le facteur nous apportera un colis → ...

2. Reprendre la question avec « Je me demande ».

> Que nous annoncera la radio? → ... — Que feras-tu pendant tes vacances? → ... — Que choisiras-tu pour offrir à ta maman? → ... — Que mangera ton frère s'il n'aime pas les fruits? → ... Que cherches-tu dans mon sac? → ...

---

1. Il s'agit, ici, de faire pratiquer des morphèmes interrogatifs complexes, formés d'une préposition (*avec, pour, de, à, chez, par*) et du pronom interrogatif *qui*.

N. B. — L'opposition *qui* / *quoi* sera travaillée au C. E. 2 et reprise au C. M.

2. On doit être attentif, en interrogation directe, à la différence de construction qui sépare deux énoncés dont l'un a pour sujet un pronom et l'autre un groupe nominal.

> Il joue avec moi. / Avec qui joue-t-il?
> Pierre joue avec moi. / Avec qui Pierre joue-t-il?

Ces deux types doivent alterner dans les exercices.

Oral

A. Dialogue semi-libre

● **Dialogue avec les enfants.** Présenter un thème. Par exemple : « En arrivant ce matin, j'ai trouvé un paquet sur mon chemin. Je me suis posé des questions. Imaginez les questions que j'ai pu me poser. » On cherchera à obtenir le plus grand nombre possible de questions du type :

> Qui a perdu ce colis? — A qui appartient ce colis? — Pour qui a-t-il été acheté? — Chez qui vais-je le porter? ...

B. Systématisation

1. Interrogation directe. Les élèves doivent trouver les questions auxquelles répondent les phrases données par le maître. Par exemple :

> J'ai écrit à un ami → A qui as-tu écrit? — Il devait porter ce foulard chez sa grand-mère → ... — Ce stylo appartient à ton frère → ... — J'ai acheté ce foulard pour Dominique → ... — Ce garçon joue avec mon frère → ...

2. Passage à l'interrogation indirecte. Les élèves transforment en discours indirect les questions formulées par le maître.

Qui a perdu ce colis? Je me le demande → Je me demande qui a perdu ce colis. — A qui appartient-il? → ... — Pour qui a-t-il été acheté? → ... — Avec qui vas-tu te promener? → ...

Avec qui joue Paul? Je voudrais le savoir → Je voudrais savoir avec qui joue Paul. — Qui a gagné la partie? Dis-le-moi → ... — Chez qui sont-ils partis goûter? Je ne le sais pas → ... — Pour qui avez-vous fait cette robe? Je me le demande → ...

3. Premier jeu en furet. A pose une question commençant par *à qui, chez qui, pour qui, qui,* ...; B répond et, à son tour, pose une question à C, etc.

A. — Chez qui vas-tu ce soir?

B. — Je vais chez mes grands-parents; (*s'adressant à C*) avec qui joues-tu à la récréation?

C. — Je joue avec Stéphane; (*s'adressant à D*) devant qui es-tu placé dans la classe? ...

4. Second jeu en furet. A pose une question à C; B reprend la question en commençant par *il te demande;* C répond, puis, à son tour, pose une question à E; D reprend, etc.

A. — Pour qui fais-tu ce dessin?

B. — Il te demande pour qui tu fais ce dessin.

C. — Je le fais pour maman; (*s'adressant à E*) à qui as-tu donné ton livre? ...

5. Tableau de feutre et figurines. Représenter au tableau de feutre le Petit Chaperon rouge se promenant dans la forêt et décrire une scène où un enfant se lamente : « Oh! la page de mon livre est arrachée. Je suis triste, car je ne peux pas savoir..., je ne sais pas..., j'ignore... Heureusement, maman connaît la suite de l'histoire; je vais l'interroger. » Les élèves devront imaginer le dialogue. Par exemple :

Peux-tu me dire ce que fait le Petit Chaperon rouge? Que porte-t-elle? Chez qui va-t-elle? A qui apporte-t-elle une galette? ...

A. Travail au tableau

- Un exemple de chaque type est transcrit au tableau.

> Chez qui va le Petit Chaperon rouge?
> A qui parle-t-elle?
> Pour qui sa maman a-t-elle fait une galette?

- Ces exemples sont ensuite récrits au style indirect.

> Peux-tu me dire chez qui va le Petit Chaperon rouge?
> Je ne sais pas à qui elle parle.
> J'ignore pour qui sa maman a fait une galette.

B. Exercices

- Un texte incomplet est proposé aux élèves.

> Paul joue avec ... Ils font une partie ... avec ... Pierre a gagné
> les billes de ... Au salon, maman a préparé ... pour ...

a) Les enfants sont invités à poser les questions qui leur permettront de compléter ce texte (d'abord oralement, puis par écrit).

b) Puis les questions seront reprises au style indirect en commençant par *dis-moi*.

- La leçon C 18 ne comporte que des exercices **écrits** sur la phrase interrogative. Elle figure donc dans le manuel de l'élève.

On prendra garde ici, lors du passage au discours indirect, aux alternances sujet-verbe / verbe-sujet :

Quel âge as-tu? / Je te demande quel âge tu as.
Quelle est ton adresse? / Je te demande quelle est ton adresse.

Oral

A. Dialogue semi-libre

• **Dialogue de marionnettes.** Jeu de questions-réponses entraînant l'utilisation de *quel* en discours direct et indirect. Par exemple :

Quelle heure est-il? — Comment? — Je te demande quelle heure il est. — 8 h 10. — Merci. A quelle heure part le train? — Quel train? [...] — Par quelles villes passe-t-il? ...

B. Systématisation

1. Interrogation directe. Les élèves doivent formuler des questions à partir des situations décrites par le maître.

Voici un livre, je veux connaître sa couleur. Que dirai-je? → Quelle est sa couleur? — Voici un garçon, je voudrais connaître son âge → ... — Voici Pierre, je voudrais connaître ses jeux préférés → ... — Et si je veux connaître son voisin? sa sœur? ses habitudes? son adresse? ...

2. Passage à l'interrogation indirecte. Les élèves doivent enchâsser la question formulée par le maître dans la phrase matrice *Je l'ignore.*

Quel est l'âge de ton frère? Je l'ignore → J'ignore quel est l'âge de mon frère. — Quelle est l'adresse de Paul? → ... — Quels sont les voisins de tes parents? → ... — Quelles sont les boissons que tu préfères? → ...

● Après une première série de phrases simples, on introduira les formes *à quel, par quel,* etc., et on modifiera la phrase matrice.

A quelle école vas-tu? Je me le demande → Je me demande à quelle école tu vas. — Par quel chemin passes-tu? Je ne le sais pas → ... — Avec quel maître travailles-tu. Je me le demande → ... — Quel est cet homme? Dis-le-moi → ... — Dans quelle rue habite-t-il? Dis-le-moi → ... — A quelle heure est-il arrivé? Je voudrais le savoir → ...

Écrit

A. Travail au tableau

● Un exemple de chaque type est écrit au tableau.

Quel est cet homme?	Quel âge as-tu?
Quels sont ces enfants?	Quels amis rencontres-tu?
Quelle est ton adresse?	Quelle heure est-il?
Quelles sont tes lectures préférées?	Quelles boissons préfères-tu?

● Reprendre ces exemples au discours indirect.

B. Exercices

1. Poser la question.

Je voudrais connaître tes jeux préférés → Quels sont tes jeux préférés? — Je voudrais connaître ton adresse → ... — Je voudrais que tu me cites tes amis → ... — Je voudrais connaître tes résultats en classe → ...

2. Reprendre la question avec *dis-moi*.

Quel est ce livre que tu lis? → ... — Quelle est cette fillette avec qui tu joues? → ... — A quelle heure pars-tu? → ... — Vers quel pays t'envoles-tu? → ... — Dans quelle pièce travailles-tu? → ...

3. Reprendre la question.

Je voudrais savoir quels amis tu rencontres → Quels amis rencontres-tu? — Dis-moi avec qui tu es allé en vacances → ... — J'ignore quel foulard je choisirai → ... — Je ne sais pas quelle revue tu vas lire → ...

Cette séance est une reprise de C 19, destinée à en consolider les résultats : on passe donc directement à la systématisation.

Oral

1. Passage de l'interrogation indirecte à l'interrogation directe.
Seul problème ici, l'alternance *sujet-verbe / verbe-sujet*.

Dis-moi quelle heure il est → Quelle heure est-il? — Dis-moi dans quelle rue il habite → ... — par quelle rue tu es passé → ... — avec quels amis tu es venu → ... — dans quelle maison vous êtes entrés → ... — à quelle personne vous avez parlé → ...

2. Premier jeu en furet, avec intervention du maître.

A. — Quel temps fait-il?
LE MAÎTRE. — Je ne le sais pas.
B. — Le maître ne sait pas quel temps il fait. Quel jour pars-tu?...

3. Second jeu en furet. Les enfants posent à tour de rôle une question à leur voisin. La consigne leur est donnée d'employer *quel,* mais en changeant chaque fois de forme : *quel, à quel, dans quel, par quel, chez quel, avec quel,* ... Pour aider les enfants, le maître peut donner l'entrée; par exemple :

Quel → Quel livre choisis-tu? — A quel → A quel camarade vas-tu donner la main? ...

4. Variante du même jeu. Deux rangées sont distinguées dans la classe : la rangée A pose la question directe, tandis que la rangée B pose la même question, mais cette fois au discours indirect. C'est le maître qui donne l'entrée pour la rangée A (*quel, à quel...*) comme pour la rangée B (*dis-moi, je ne sais pas...*). Par exemple :

LE MAÎTRE. — Quel → RANGÉE A. — Quel pays connais-tu?
LE MAÎTRE. — Dis-moi → RANGÉE B. — Dis-moi quel pays tu connais...

● Pas d'écrit pour cette série, aucune nouvelle forme n'ayant été introduite.

> Ces quelques jeux (on peut en imaginer bien d'autres) sont là pour amener le plus grand nombre et la plus grande variété possibles de questions de la part des élèves.
> Le maître pourra s'interroger, chemin faisant, sur l'efficacité des séances précédentes.

Oral

Quelques jeux

1. Discours direct. Un accident est arrivé. Le maître est le témoin, les enfants doivent lui poser des questions pour essayer de reconstituer la scène. (On acceptera toutes les questions et, bien entendu, on y répondra.)

A quelle heure l'accident est-il arrivé? [...] — Qui conduisait la voiture? [...] — Que faisait le piéton? ...

2. Discours indirect. On reprend les questions du jeu précédent, mais cette fois au discours indirect. Par exemple :

LE MAÎTRE. — Que m'avez-vous demandé? → Je vous ai demandé à quelle heure l'accident est arrivé. / Je vous ai demandé qui conduisait la voiture. / Je vous ai demandé ce que faisait le piéton...

3. Jeu de l'objet caché par le maître, puis par les élèves. Il s'agit de deviner quel objet a été caché en posant des questions du type :

Quelle forme a-t-il? — Dans quel coin de la classe l'avez-vous pris? — Quelle est sa couleur? ...

4. Reconstitution d'une histoire. Le maître propose aux enfants de leur raconter une histoire ... à partir des questions qu'ils lui poseront. Par exemple :

Quels sont les personnages? — Quel âge a Pierre? — Chez qui vit-il? ...

TABLE DES MATIÈRES

> *Pour trouver des indications plus détaillées sur la matière de chaque leçon, se reporter à la* RÉPARTITION HEBDOMADAIRE, *p. 20.*

SECTION A. — Grammaire

SECTION B. — Morpho-syntaxe verbale

SECTION C. — Exercices structuraux

Imprimerie LAROUSSE, 1 à 9, rue d'Arcueil, Montrouge (Hauts-de-Seine).
Mars 1972. — Dépôt légal 1972-1ᵉʳ. — Nº 5957. — Nº de série Editeur 6494.
IMPRIMÉ EN FRANCE (*Printed in France*). — 40 153 B-7-73.